U0085321

世紀
人物 100

共產主義 的 創始者

馬克思

李宗恬　著

三民書局

獻給孩子們的禮物

主編的話

世界上最幸福的孩子 ，是他們一出生就有機會接近故事書，想想看，那些書中的人物，不論古今中外都來到了眼前，與他們相識，不僅分享了各個人物生活中的點滴，孩子們的想像力也隨著書中的故事情節飛翔。

不論世界如何演變，科技如何發達，孩子一世幸福的起源，仍然來自於父母的影響，如果每一個孩子都能從小在父母親的懷抱中，傾聽故事，共享閱讀之樂，長大後養成了閱讀習慣，這將是一生中享用不盡的財富。

三民書局的劉振強董事長，想必也是一位深信讀書是人生最大財富的人，在讀書人口往下滑落的多元化時代，他仍然堅信讀書的重要，近年來，更不計成本，連續出版了特別為孩子們策劃的兒童文學叢書，從「文學家」、「藝術家」、「音樂家」、「影響世界的人」系列到「童話小天地」、「第一次」系列，至今已出版了近百本，這僅是由筆者主編出版的部分叢書而已，若包括其他兒童詩集及套書，三民書局已出版不下千百種的兒童讀物。

劉董事長也時常感念著，在他困苦貧窮的青少年時期 ，是書使他堅強向上，在社會普遍困苦，而生活簡陋的年代 ， 也是書成了他最好的良伴，他希望在他的有生之年，分享這

份資產，讓下一代可以充分使用，讓親子共讀的親情，源遠流長。

「世紀人物100」系列早就在他的關切中構思著，希望能出版孩子們喜歡而且一生難忘的好書。近年來筆者放下一切寫作，接下這份主編重任，並結合海內外有心兒童文學的作者共同為下一代效力，正是感動於劉董事長致力文化大業的真誠之心，更欣喜許多志同道合的朋友，能與我一起為孩子們寫書。

「世紀人物100」系列規劃出版一百位人物故事，中外各占五十人，包括了在歷史上有關文學、藝術、人文、政治與科學等各行各業有貢獻的人物故事，邀請國內外兒童文學領域專業的學者、作家同心協力編寫，費時多年，分梯次出版。在越來越多元化的世界中，每個人都有各自的才華與潛力，每個朝代也都有其可歌可泣的故事，但是在故事背後所具有的一個共同點，就是每個傳主在困苦中不屈不撓，令人難忘的經歷，這些經歷經由各作者用心博覽有關資料，再三推敲求證，再以文學之筆，寫出了有趣而感人的故事。

西諺有云：「世界因有各式各樣不同的人群，才更加多采多姿。」這套書就是以「人」的故事為主旨，不刻意美化傳主，以每一位傳主的生活經歷為主軸，深入描寫他們成長的環境、家庭教育與童年生活，深入探索是什麼因素造成了他們與眾不同？是什麼力量驅動了他們鍥而不捨的毅力？以日常生活中的小故事，來描繪出這些人物，為什麼能使夢想成真。為了引起小讀者的興趣，特別著重在各傳主的童年生活描述，希望能引起共鳴。尤其在閱讀這些作品時，能於心領神會中得到靈感。

和一般從外文翻譯出來的偉人傳記所不同的是，此套書的特色

是，由熟悉兒童文學又關心教育的作者用心收集資料，用有趣的故事，融入知識，並以文學之筆，深入淺出寫出適合小朋友與大朋友閱讀的人物傳記。在探討每位人物的內在心理因素之餘，也希望讀者從閱讀中，能激勵出個人內在的潛力和夢想。我相信每個孩子在年少時都會發呆做夢，在他們發呆和做夢的同時，書是他們最私密的好友，在閱讀中，沒有批判和譏諷，卻可隨書中的主人翁，海闊天空一起遨遊，或狂想或計畫，而成為心靈知交，不僅留下年少時，從閱讀中得到的神交良伴（一個回憶），如果能兩代共讀，讀後一起討論，綿綿相傳，留下共同回憶，何嘗不是一幅幸福的親子圖？

2006 年，我們升格成為祖字輩，有一位朋友提了滿滿兩袋的童書相送，一袋給新科父母，一袋給我們。老友是美國國家科學院院士，曾擔任過全美閱讀評估諮議委員，也是一位慈愛的好爺爺，深信閱讀對人生的重要。他很感性的說：「不要以為娃娃聽不懂故事，我的孫兒們一出生就聽我們唸故事書，長大後不僅愛讀書而且想像力豐富，尤其是文字表達能力特別強。」我完全同意，並欣然接受那兩袋最珍貴的禮物。

因為我們同樣都是愛讀書、也深得讀書之樂的人。

謹以此套「世紀人物 100」叢書送給所有愛讀書的孩子和家庭，以及我們的孫兒——石開文，他們都是世界上最幸福的孩子，因為從小有書為伴，與愛同行。

　　記得念中學的時候，整天聽到「反共抗俄」的口號，共產黨統治了大陸，實行了共產主義，改變了中國千千萬萬老百姓的生活。後來聽說是馬克思創立了共產主義，不禁好奇：馬克思是怎樣一個人？那時我想他一定是一個很凶悍的人，不然怎麼會創立共產主義，共別人的財產呢？念大學的時候，只糢糊的知道他是個偉大的思想家，直到寫完這本小書以後，我才開始認識他這個人、他的理想，以及他從小就為全人類謀福利的志願。有半年的時間馬克思是我最好的朋友，我每天都想著他。我為他的智慧震驚，我惋惜他為理想而犧牲金錢、讓妻兒挨餓。當他為兒子的死而心碎，我也嘆息不已。步入老年之後，他不嫌棄妻子變老，還說她臉上每一條皺紋都喚起了他無限的愛意和美好的回憶，更讓我覺得非常感動。

　　馬克思和他的摯友恩格斯合作了四十年，他們實在是分不開的，提到馬克思一定會聯想到恩格斯。馬克思是天才，具有一種自然的創造力量。恩格斯則是工作效率高且多產的作家，他把馬克思未完成的《資本論》二、三卷編輯出版，讓他深奧的思想得以流傳百世。

　　馬克思主張取消私有財產制，停止自由企業，一切收歸國有，由政府計畫和實行。這是一種烏托邦的理想。凡是實行共產主義的國家後來都演變成更窮的國家。這種情況就發生在蘇俄、中國、捷

克、北韓、越南、東德、古巴等共產主義國家，因為他忽視了自由競爭和人性的弱點。人是自私的，凡是屬於自己的財產，他會努力工作以求進步來增加財富，如非他所屬，他就不願努力，社會也就無法進步。

馬克思認為歷史的演變就是階級鬥爭，譬如羅馬的平民和貴族鬥爭，奴隸和主人鬥爭；中古時代工人和工會鬥爭，被壓迫者和壓迫者鬥爭。歷史的演進是按辯證法，每一時代都產生相對的一面，結果綜合而產生新的社會制度。而資本主義是歷史演進不可避免的階段，可是它的發展也造成內部的衝突，因此會有革命，最後無產階級專政。但是我們看看 20 世紀發生革命的國家，不是資本主義最發達的美國，反而是無產階級和貧窮農民最多的國家。這是因為一般美國人民生活水準高，有豐富的收入，過著舒適的生活。工人們並不想捲進革命的漩渦，他們只想以法律阻止壟斷市場。這就是中國人所謂的「倉廩實而後禮儀興」。

這本小書是從另一個角度來看馬克思是如何走過人生的旅程。他的哲學及各種理論太豐富，有些很抽象不容易懂，但重要的是，他負有一種使命感——要解救被剝削的窮苦工人。他以科學的方法、生動有力的文字，寫出他的理論，並用統計數字、工廠報告等加以證實。他在報紙上、雜誌上、書本上宣傳他的理論。他煽動性的

文章喚醒了無數群眾。

　　馬克思對人類的影響不止是在精神方面，更含括了日常生活的衣食住行等層面。有些國家為了實行馬克思主義，改變了整個政治制度、社會結構，甚至是文化和語言。在他有生之年應該沒想到遙遠的東方，有一個古老的中國，認為實行他的理論——共產主義以後，就能改善人民的生活，因此掀起了狂風大浪，翻騰了整個社會國家，改變了千千萬萬人的生活。而馬克思就在中國歷史上永世留名了！

寫書的人

李宗恬

　　國立臺灣師範大學史地系畢業，比利時魯汶大學歷史系肄業，美國康州大學歷史系碩士。曾任職於美國克利夫蘭藝術博物館亞洲部門三年，於紐約公立高中教授英語數年，並擔任中文學校教師，現任米慎學院及山麓學院漢語教授。譯作有《小王子》（法譯中）、《夏祿黛的網》（英譯中），並編有《洪燕謀記念集》、《百齡歲月》等。

共產主義的創始者

馬克思

目次

前　言　*2*

◆*1*　時代背景　*5*

◆*2*　幸福的童年　*9*

◆*3*　叛逆的青年　*16*

◆*4*　柏林大學　*29*

◆*5*　《萊茵報》　*41*

◆*6*　《德法年鑑》　*51*

◆ *7*　與恩格斯的友情　*60*

◆ *8*　流亡布魯塞爾　*70*

◆ *9*　《共產黨宣言》　*78*

◆ *10*　《新萊茵報》　*86*

◆ *11*　生命中的寒冬　*93*
　　貧困的日子　*93*
　　孩子們的相繼辭世　*100*
　　安貧樂道的家庭生活　*106*

◆ *12*　持續的努力與辛勤的工作　*111*
　　《紐約每日論壇報》通訊記者　*111*
　　《政治經濟學批判》　*115*
　　《資本論》　*121*
　　勞動價值論　*125*
　　剩餘價值論　*127*

◆ *13* 走出陰霾 130

◆ *14* 第一國際 136

◆ *15* 悲哀的晚年 143

◆ *16* 一代偉人與世長辭 151

世紀人物
100

馬克思

1818～1883

前　言

世界上有哪些國家目前還實行共產主義呢？中國、古巴、寮國、北韓和越南現在都還算是共產主義國家。以前還有像匈牙利、波蘭、捷克等東歐國家，也曾經被共產黨統治。1970年代，非洲有些國家也曾是共產黨專政。馬克思去世後一百年，地球上幾乎三分之一的人口，都生活在根據他的作品與思想而來的共產主義的統治之下，另外三分之二則是一直對馬克思主義爭論不休。

由於工業革命以後，社會上有許多強欺弱，不公平的事情發生，因此共產主義的統治理想，就是希望將一切收歸國有，由政府管理和計畫，再把物資按需要分配給老百姓；如此一來，社會

上再也沒有壓迫人的資本家，也沒有受壓迫的工人，所有人都平等，所有人都能享有自由富裕的生活。但是，實行共產主義真能達到這樣的目標嗎？20世紀90年代的東歐國家，像匈牙利、波蘭等國，紛紛發生巨變，甚至連實行共產主義的「老大哥」蘇俄也解體，似乎都否定了這點。但是不管如何，儘管時代不斷的在改變，馬克思的理論卻一直被人們熱烈的討論、不斷的研究著。

馬克思的理論影響了全人類，20世紀的歷史可以說是他留下的。在1999年末英國廣播公司的調查中，他與愛因斯坦並列為世界上最有影響力的人；更在2005年以27.93%的得票率，成為英國人心目中最偉大的哲學家。

馬克思曾說：「哲學家們都只是以不同的方式在詮釋這個世界而已，但重點是要改變它！」這位

偉大的哲人真的做到了這一點。不只他自己，他的信徒列寧在蘇俄將他的理論發揚光大，接續列寧的史達林、中國的毛澤東、古巴的卡斯楚等人，都實行他的共產主義，都是他的繼承人。他的著作《資本論》則是改變世界的經典，是工人的聖經。現在讓我們看看他的生平，了解他是怎麼走過這段人生的旅程吧！

1　時代背景

　　1814 年的德意志還不是一個統一的國家，而是由三十九個小王國所組成的一個邦聯＊，其中以普魯士和奧地利最為強盛。從三十年戰爭＊結束，到拿破崙戰爭時代，接著再一次的法國大革命，這一段時期德意志不論政治、社會和文化都停滯落後，沒有進步，經濟的發展也比英國和

放大鏡

＊邦聯　指的是由若干獨立的國家所組成的鬆散聯盟，各成員國在外交、軍事、法律等方面均具備完全獨立的自主權。

＊三十年戰爭　中世紀後期，神聖羅馬帝國日趨衰落，歐洲各國為了爭奪利益、樹立霸權以及宗教上的各種糾紛，由原本是神聖羅馬帝國的內戰演變成全歐洲都參與的一次大規模國際戰爭，自 1618 年至 1648 年，又稱「宗教戰爭」。這場戰爭以波希米亞人民反抗哈布斯堡皇室統治為肇始，最後以哈布斯堡皇室戰敗而告結束。戰後法國取得歐洲霸權的地位，瑞典取得波羅的海霸權，荷蘭和瑞士徹底獨立，德意志遭到嚴重破壞，神聖羅馬帝國名存實亡，西班牙進一步衰落，葡萄牙則獲得獨立。

法國都更落後。因此德意志境內的國家大多崇尚歐洲的其他先進國家，尤其是法國。那時候以說法文和行法國禮節最為時髦，有人甚至認為法文比德文高一等。17世紀末18世紀初，有許多德意志的君王請來義大利和法國的藝術家、建築師，在國家內蓋宮殿，裡面裝潢得富麗堂皇，還有模仿法國凡爾賽宮所設計的美麗庭園。

在這種崇尚外國的氣氛中，普魯士國王腓特烈二世創立了手工業工廠，試圖推廣商業，提振德意志的經濟情況，可惜他的努力沒有獲得普遍的成功，整個德意志實際上仍是個封建農業國家。但是在多數以農業為主的德意志各王國中，普魯士仍是一枝獨秀，朝著近代工業化前進，普魯士統治下的萊茵省自然也不例外。

　　萊茵省位於德意志的西南部，1794年拿破崙率軍占領這裡之後，廢除封建奴隸制度，重新組織它的行政、司法和法律體系，建立了萊茵邦聯。雖然1814年普魯士聯合奧國和俄國，擊敗拿破崙，收回了法國占領下的萊茵省並解散萊茵邦聯，可是法國對萊茵省的影響已經非常深遠。

　　因為法國長期的占領，萊茵省新興的工業發達，貴族和教會逐漸失去了它們的權威，法國自由主義的思想在這片土地上也奠定了深厚的基礎，使得萊茵省從中古時期的情況變成嶄新的社會形式。在萊茵省，有錢的人很歡迎法國人的統治，因為拿破崙的法典保障了他們的特權；鄉村富農也歡迎法國人，因為法國人讓他們能自由的占領土地。但是拿破崙戰敗後，普魯士國王收回萊茵省，不但仍然實行他的專制制

度，甚至還用祕密警察和偵探來
統治國家。雖然萊茵省的一般百
姓只能無奈的接受，知識分子們
卻不滿於現況，他們要求自由民
主的政府。

　　馬克思以及他一生的摯友恩
格斯，就是在這樣背景下的萊茵
省出生，在法國留下的自由主義
思想中成長，奠定了他們未來思
想發展的基礎。

2 幸福的童年

　　特利爾城在現在的德國西面，和法國及盧森堡交界，距離盧森堡只有六里。有愛非以及汗努克山丘圍繞。碧波蕩漾的摩賽爾河流經此地。火車經過摩賽爾山谷的時候，只見兩旁都是高大的松樹，一望無際的葡萄園梯田，整齊的村落，還有冬天壁爐裡的輕煙寧靜的升上天空的景象。

　　特利爾城是萊茵省最老的古城。早在西元前56年，羅馬帝國的凱撒大帝已征服特利爾，在這裡留下了許多遺跡，像是能容納三萬觀眾看人和野獸搏鬥的露天圓形劇場、關俘虜和野獸的地下室，以及羅馬式的澡堂等。城北是飽經風霜的碉堡，城內則因為它曾經是歐洲北部的神學中心，

而有許多教堂、修道院和修會，因此，它可說是一個宗教氣氛極濃厚的城市。拿破崙戰爭時，特利爾城被法國人占領，居民因此接觸到新聞自由、憲法自由、宗教寬容等自由主義的觀念。即使後來普魯士收回萊茵地帶，又回復往日的專制制度，可是法國自由主義的風氣仍然存在。

　　這兒有一家富裕的猶太人，住在一棟巴洛克*式的高級房子裡，房子漂亮又寬敞。這家猶太人原姓勒韋，世代都是猶太拉比*。到亨利這一代受了新式教育，為了避免受到排擠和迫害，他只好脫離猶太教，改信路德教派，將猶太名字改為基督教名字「亨利」*，並且脫離了他的猶太家族，交了新的德意志朋友，也培養了新的興趣，完全同化於德意志富有的階級。亨利是當地既富有又成功的律師，非常受人

尊敬，不僅取得了「法律顧問」的榮譽稱號，並且被選為當地律師公會的主席；他在以盛產好酒著稱的特利爾還擁有許多葡萄園與釀酒廠，是一位既有聲望又有產業的大律師。

亨利‧馬克思是一個受過高等教育的人，個性單純嚴肅，深受當時法國自由主義思想家，如伏爾泰、盧梭等人的影響，因此希望普魯士國王能改善專制，實行自由主義的政治。亨利在特利

放大鏡

＊巴洛克　即 Baroque，指 16 世紀後在歐洲流行的一種藝術形式。巴洛克藝術的特色通常以誇張的動作與鮮明的細部結構，使建築、雕塑、畫像、舞蹈等，呈現出一種充滿生意與戲劇張力的豪華藝術形態。

＊拉比　即 Rabbi。一般是指受過猶太教正統宗教教育，而擔任猶太人社會或猶太教會眾的精神與宗教領袖。

＊亨利　因為當時的普魯士限制猶太人從事法律工作，他只能成為基督教徒；又由於普魯士的國教是屬於基督新教的路德教派，所以他選擇改信路德教派。

亨利的原名是 Heshel（或 Hirschel）Marx，其祖父法文原姓 Marc Levy，簡稱 Marc，是由猶太文的 Mark 而來，其後再改為德文的 Marx。這是馬克思父子的姓氏由來。

爾的思想界也非常活躍，他參加了當地有聲望的卡新樂俱樂部＊，那是一些開明人士聚會的場所。他們常討論政治和文學，參加政黨，要求普魯士政府實行憲法，重視公民權等。

亨利‧馬克思的太太亨莉黛是荷蘭裔猶太人，家中世代也都是猶太教拉比。她沒有受過什麼教育，但很會主持家務，照顧一家人的起居，是一個非常盡責的家庭主婦。

亨利夫婦共生了九個孩子，其中有四個男孩和五個女孩，不幸的是，四個男孩中，只有卡爾‧馬克思活了下來＊。小馬克思於1818年5月5日清晨，在位於布呂肯巷664號的家中出生，他是個精力旺盛、聰明活潑的男孩子，喜歡和姐妹們在附近的山坡上散步，躺在摩賽爾河邊的草地上，望著天空的浮雲，編織著

各式各樣的故事。

有一次，這個活潑的小男孩，髒手上拿著一塊泥做的餅，追趕著他的姐妹，逼她們吃下去。女孩子們哭喊著奔向她們的母親。

「媽媽！卡爾又來強迫我們吃他做的泥餅了！」

憤怒的馬克思太太追著馬克思要打他。

「你這個小暴君，你不是像趕馬一樣趕你的姐妹，就是逼她們吃泥餅。我今天非得好好教訓你不可！」

馬克思邊跑邊說：「她們有時候為了聽我講的故事也會吃泥餅

放大鏡 ＊卡新樂俱樂部　即 Casino Club，由當時知名的歷史學家韋田巴哈 (Johann Hugo Wyttenbach) 所創立，當時知名的思想家常在此聚會，進行政治議題的討論以及文藝思想的交流。
＊馬克思的兄長莫里茲一大衛四歲即夭折，兩個弟弟赫曼與艾德瓦也分別於二十三歲、十一歲時辭世。他的大姐蘇菲，四位妹妹亨莉黛、露意絲、艾蜜莉及卡洛琳都幸得安享天年。

的！」

　　原來馬克思的想像力非常豐富，編的故事很動聽，女孩子們為了聽他的故事，只好犧牲一點將泥做的餅吃下去。

　　亨利早就看出馬克思不同於一般孩子，雖然桀驁不馴，不易管教，但是他聰明固執，專斷又獨立，有強烈的求知欲，因此對他抱有很大的期望。亨利崇尚理性主義，也崇尚宗教和政治上的自由主義，這些也都影響了馬克思以後思想的發展。馬克思非常愛他的父親，終身都帶著他的相片。在這樣一個富裕的律師家庭中長大，馬克思受著保護，享受著各種優越的條件，過著快樂的童年生活。

3

叛逆的青年

　　有一天晚餐後，馬克思全家坐在客廳喝咖啡。亨利說：「卡爾，你今年十二歲，要進中學了＊。腓特烈・威廉中學是特利爾有名的中學，校長既是我的好朋友，也是卡新樂俱樂部的創辦人。那裡的老師們也都受了自由思想的教育，是一所各方面程度都很高的中學。你就去那裡就讀

放大鏡

　　＊ 19 世紀初期，在教育改革家威廉・馮・洪堡 (Wilhelm von Humboldt) 的帶領下，進行了普魯士教育史上最重要的一次改革。改革後的學制採「雙軌制」，其一是為地方資產階級子女所辦，由預備學校或家庭教育、文科中學和大學組成的學術教育系統；另一個則是由國民學校與職業教育機構組成，旨在訓練守紀律、虔敬上帝和忠於統治階級臣民的窮人子弟學校系統。

　　改革之後的文科中學，成為唯一與大學銜接的中等學校；尤其 1812 年文科中學畢業考試章程還規定，凡通過考試者可直接就讀大學，取消了原有的大學招生考試。他本人創立的柏林大學則成為德國高等學校的楷模。

　　馬克思就讀的腓特烈・威廉中學便是屬於第一種的「文科中學」，他畢業後也才可以直接進入大學就讀。

吧ㄅㄚ！」

　　腓ㄈㄟ特ㄊㄜ烈ㄌㄧㄝ‧威ㄨㄟ廉ㄌㄧㄢ中學的風氣既ㄐㄧ開明又自由，即使對普魯士政府也敢大膽批評，學生徜徉其間，得以恣意的發展獨立思考的能力。可以說，天資聰穎的馬克思，便是在中學這個時期，塑造了他一生特立獨行的風格。學校課程著重語言，而馬克思很有語言天分，因此學會許多種語言，其中，他最擅長的就是拉丁文和法文。

　　1835 年 8 月，馬克思通過了中學畢業考試，大多數同學畢業時都是十九歲到二十一歲，但此時的馬克思才十七歲，是班上最年輕的學生。從他的文章中，就能看出他的智力已經非常成熟。在馬克思備受老師讚賞的一篇論文〈青年人選擇職業的省思〉當中，他說：

……我們和社會的關係，早在我們自己決定以前就被決定了。……人類不可能孤立，他離不開社會和經濟環境，也離不開祖先的陰影。……職業的選擇不是完全自由的，而是各種社會關係預先決定的。……如果我們選擇了為人類謀福利的職業……我們得到的不是一點點自私的歡樂。我們的幸福將屬於億萬人，雖然不顯赫於一時，卻將永遠存在。

可見馬克思在這麼年輕的時候，就已經體認到為越多人民謀求福利，就越有意義，也就越快樂的道理。這是他一生的行為宗旨，也是他最受後世敬佩的地方。

馬克思在中學時期最好的朋友是愛德卡‧馮‧威斯特華倫＊，他是當時知名的貴族路德

維希‧馮‧威斯特華侖男爵的兒子。馮‧威斯特華侖男爵是普魯士的高級政府官員，受自由思想教育，通曉七種語文，是開明運動的前鋒。他常帶馬克思到那美麗如畫的山丘、森林及摩賽爾河沿岸散步，對馬克思談論歌德、聖西蒙、荷馬及莎士比亞等偉大的思想家、詩人以及大文豪。他非常喜歡馬克思，欣賞他的聰明和能力，鼓勵他多看書。男爵就像馬克思的第二個父親，對他的一生產生了重大的影響。這時培養出的品味和修養，令馬克思長大後對文學極感興趣，終身受用

放大鏡

＊他的姓名德文原文是 Edgar von Westphalen。德國人的姓名與我們一樣，是由「姓氏」和「名字」所組成，姓氏在後，名字在前。部分德國人的姓名中帶有「von」，意思等同於英文中的「of」，即是「的」的意思，一開始是用來連接某人與他的出生地，表示「某地的某人」，後來因為土地多分封貴族所有，因而成為貴族的象徵。也因此，「von」代表著一個家族的名稱，稱呼時必須與姓氏連用。在其他語言中也可見到同樣的情形，例如義大利著名的畫家達‧文西，他的姓名就是 Leonardo da Vinci。

不盡。他的博士論文更獻給了這位像父親一樣的馮・威斯特華倫男爵。和男爵一塊兒度過的黃昏，是他青年時期最快樂的時光。

馬克思自中學畢業後，便轉往波昂大學，就讀於法學院。他從特利爾乘船沿摩賽爾河，再轉到風景如畫的萊茵河，最後到達波昂。馬克思到了波昂興奮極了，因為波昂是個大學城，比特利爾大了足足四倍，住了許多年輕活潑的學生，居民超過四萬人。此時的馬克思剛滿十七歲，沒有了父母在身邊的管束，又受到眼前五花八門、多彩多姿的青年樂園吸引，立即樂不思蜀的融入波昂自由快樂的生活中，不但一點都不想家，到了波昂三個禮拜，也沒有給父母親隻字片語。在波昂三個月，馬克思只寫了兩封信回家，而且都是向家裡索取

金錢的告急信。

　　馬克思的父母知道他做事念書總是過分消耗精力，長大後身體也不是特別強健，因此非常擔心他的健康。父親在給他的第一封信上就說：「親愛的卡爾：好好的過日子，你知道你滋養靈魂的時候，也一樣要照顧地球上的身體，因為它永遠是靈魂的伴侶。一個病弱的學者是世界上最不幸的人了。」他母親的來信更是勸他要保持房間、身體的清潔，在用錢、飲食上都要小心節制。信中都流露出父母對馬克思的慈愛與關懷。

　　馬克思並不喜歡運動，倒是他讀書時非常用功，教授們都稱讚他讀書「認真、專注」*。雖然就讀的是法律系，但是馬克思逐漸發現他的興趣並不在此，因此他開始自修真正喜歡的學科，並積極參與兩個校內的學生社

團：詩人會以及同鄉會。

由於青年時期的馬克思幻想成為一個詩人或是文學家，所以參加了這個由一群年輕、有革命思想的詩人所組成的詩人會。望子成龍的亨利，實在不願見到馬克思荒廢了課業的學習，把時間全部花在吟詩作詞上；加上當時普魯士警察正監視著這群青年詩人，他更是擔心馬克思的安危。只是年輕氣盛的馬克思，完全聽不進父親的勸告，依然故我的伴隨「繆斯」*起舞。

在詩人會之外，馬克思還加入了一個由來自特利爾的學生所組成的同鄉會。當時的大學生幾乎都會參加這類團體，裡面可以

*在當時的德國大學，並沒有像現在一樣用成績或是學分作為評比，而是用教授的評語或簽名來代替，由此可見馬克思在學校的用功程度。

*繆斯　即 Muses。繆斯是古希臘神話中的九位文藝女神，被視為是文藝創作的靈感來源。

在社交、生活、知識上，與其他人彼此交流；這些同鄉會的學生，課餘時過著放蕩不羈的生活，整晚喝酒，大聲唱歌、打架、擾亂秩序。

大學裡的學生來自各地，家庭背景也有所不同，一個由貴族學生所組織的波魯斯亞兄弟會，便常與其他身家環境不那麼好的學生團體發生衝突；這些貴族子弟甚至逼迫其他學生向他們下跪行禮。年輕氣盛的馬克思當然不會屈服於這樣子的侮辱，常常正面挑戰這些貴族子弟，但後來他卻因為身懷決鬥的武器，在科隆被警察逮捕，讓學校關了他一整天。只可惜，這個懲罰似乎不夠重到阻止他在 1836 年夏天，與波魯斯亞兄弟會成員進行決鬥。雖然落敗的馬克思除了右眼受了點傷之外，並無大礙，但他種種不端的行為，讓在家鄉的父親決定

趕緊讓馬克思離開波昂這個大染缸。

　　這年夏天，馬克思回特利爾休養的時候，與中學好友愛德卡的姐姐燕妮陷入了熱戀。燕妮比馬克思大了四歲，有雙明亮清晰的大眼睛，完美的鵝蛋臉，挺直的小鼻子和豐滿的嘴唇。不僅外型出色，從父親的教導與廣泛閱讀的自修中獲得的豐富知識，使她的談吐既幽默又有品味，氣質既高貴又嫻雅，是全特利爾最聰明美麗的姑娘，更被稱為「特利爾的公主」、「舞會的皇后」。當時追求她的人很多，馬克思也不例外。

　　青年時期的馬克思並不英俊，皮膚既黑、毛髮又多，那些黑髮好像從臉頰、手臂、耳朵、鼻子的每一個毛孔竄出來。光亮厚重的黑髮覆在寬闊的額前，眉毛高而整齊。多毛的馬克思因此

得了個終生的綽號 —— 摩爾＊。但是聰明的燕妮，並不是個只看外表的女孩，她發現了馬克思在昂首闊步的自信中所散發的智慧光采。

　　馬克思的愛情，雖然獲得了燕妮的回應，但並沒有完全得到雙方家長的同意。馬克思家雖然與男爵家比鄰而居，亨利與男爵也因有著共同的興趣而互相尊重，但一思及要與貴族聯姻，不免讓他們擔心高攀不上。燕妮的家族更不用說，幾乎全都反對，尤其是她同父異母的哥哥，後來成為普魯士內政部長的斐迪南，更是對普魯士貴族家庭的女兒要嫁給身無分文、又無職業的猶太教士後裔，感到不可思議！

　　就在這種不安的情況下，馬克思心情沉重的離開了特利爾，

 放大鏡

　　＊摩爾　即 Moor。居住在非洲西北部的黑人。

　　前往更有聲望的柏林大學，接續他未竟的大學生活。

4 柏林大學

　　大學時代是一個人成長過程中最重要的階段，舉凡思想的程序、性格的定型大多是從大學中培養出來的，亨利因為對波昂的環境非常失望，更擔心如果馬克思再待得久一點，對他可能會造成不良的影響，於是當機立斷的決定讓馬克思轉學到當時著名的柏林大學就讀。

　　柏林是當時普魯士政治、軍事與文化的中心，普魯士國王為了提振國內的學術研究，特地延聘了各大學的著名教授前去任教，不過才短短二十五、六年，便將柏林大學建設成全德意志最好的大學。在此就讀的學生們也都是充滿挑戰精神，堅定且勤奮向學的普魯士年輕人。亨利認為，這裡最適合天才洋溢又桀驚

不馴的馬克思。於是，就在 1836 年秋高氣爽的 10 月天，十八歲的馬克思離家前往柏林了。

　　沿路上，馬克思非常的不快樂。一方面因為離開了他深愛的情人燕妮，一方面則是對未來無所適從：到底是要按照父親的意思做個律師，還是按自己的興趣做一個詩人呢？如果成為一個詩人，又要怎麼維持生活，怎麼養活燕妮和他們的家庭呢？就在這樣充滿濃情別意，對前途又毫無方向感的情形下，坐了五天馬車的馬克思，終於進入了這個擁有三十萬人口的大城市。

　　馬克思在大學附近租了一個中等價位的房間，並在法學院辦理了入學手續。除了隨身行李，亨利還為愛兒準備了幾封介紹信，給他以前在法律界服務的老同事，如果馬克思將來要做律師，他們對他的前途會很有幫

助。但馬克思實在不喜歡這樣，加上和這些父執輩的叔叔伯伯話不投機，因此禮貌上去拜訪過一次之後，就再也沒有去過了。

馬克思認為，單在課堂上聽教授講課，收穫並不多，倒不如少選幾堂課，把時間花在認真自修上還比較實在。因此他在柏林大學法學院五年，整整九個學期的時間，一共才上了十二門課，而且，沒多久他就發現自己對法律一點興趣也沒有，所以在這十二門課中，除了少數是涉及法律外，其他大多是關於人類學、地理、藝術史、哲學和神學。聰明的馬克思，不喜歡教條式的講課，因為他是來尋找新思想的；他也很幸運的來到了柏林大學，因為當時最富盛名的哲學家黑格爾，在 1818 到 1831 年曾經在此擔任首席教授。

黑格爾是當時影響力最大的

哲學家，他的哲學非常的有價值，是普魯士的「官方哲學」＊。黑格爾認為世界上的一切事物，並不像我們眼中看到的那樣，是由物質所組成的，相反的，應該是精神性的；我們不能將目光停留在外表的事物上，應該細察在這些現象背後的原因。因此黑格爾主張歷史的發展是由精神活動，也就是人類的意識來決定的，這就叫做「唯心論」。雖然馬克思來到柏林大學的時候，黑格爾已經去世五年了，但對黑格爾哲學的研究與辯論卻始終沒有停歇，馬克思也被捲進這股潮流中，在他來到柏林大學的第二年，就參加了當地青年黑格爾學派＊的聚會，加入了「博士俱樂部」＊。

　　「博士俱樂部」的成員們常在咖啡館聚會，有時辯論哲學和神學問題，有時則先朗誦詩歌和

文章，再批評它們，不過他們最熱心談論的還是黑格爾的哲學。馬克思此時才十九歲，卻因知識淵博、機敏而有智慧，成為俱樂部公認的領袖之一。其他的領袖雖然都比馬克思年長，但他卻是最出色的一位。

　　無止無休的討論，使馬克思浸淫在學問與藝術之中。他整個人沉浸在狂熱的研究工作裡，杜絕一切社交活動，夜以繼日的苦讀自己愛好的書籍，大量摘取筆記，悠遊於哲學、詩詞與美學之間。他寫劇本，寫故事，甚至還

放大鏡

＊**官方哲學**　即是說他的哲學體系在國家中居領導地位，就如在中國漢武帝「罷黜百家」後，儒家成為漢朝的「官方哲學」一樣。

＊**青年黑格爾學派**　即 the Young Hegelians。在黑格爾去世以後，德國哲學界就分為兩個對立的派別，一派較為保守，擁護傳統的政治、宗教立場；一派則較為激進，在政治上主張自由主義，在宗教上主張無神論。後者即「青年黑格爾學派」。

＊**博士俱樂部**　即 Doctors' Club。是青年黑格爾學派早期的重要團體，因為有數位成員具有博士頭銜，因此稱為「博士俱樂部」。

翻譯了兩卷羅馬法典。一個這麼年輕的學子，在這麼短的時間內閱讀了如此大量的哲學、法律的重要經典，不得不令人讚嘆他豐沛的精力、堅毅的決心，以及強烈的求知欲望。但是這樣子不眠不休的過度工作，導致馬克思飲食失常，抽煙過量，一個學期都還沒有結束，就瀕臨身心崩潰的危機。加上此時故鄉也傳來燕妮生病的消息，更是加重他身心的煎熬。於是他聽從醫師的指示，遠離都市的塵囂，暫時搬到柏林郊外一個小鄉村休養。

最初兩天，馬克思像瘋子一般繞著花園跑，想讓自己平靜下來。鄉下的新鮮空氣、規律的飲食與睡眠，讓他的體力漸漸的恢復；有時他甚至和房東一起去打獵，享受戶外的活動。在這段休養期間，他還把黑格爾的作品從頭至尾看了一遍。沒有多久，他

的病痛便不藥而癒，以高昂的精
神重返柏林。

　　在柏林大學的第一年他寫了
兩本詩集，都是送給燕妮的。馬
克思在他的其中一本詩集上寫
著：「給我親愛的，永恆的愛，燕
妮‧馮‧威斯特華倫。」下面是他
為燕妮寫的一首詩：

還有一事，
我的孩子，
我必須告訴你，
我欣喜的結束了這首告別之歌，
因為最後的銀色浪花翻滾著，
在燕妮的氣息上尋找它們的靈魂。
大膽的跳過岩石和高樓，
流過大水和暴雨。
生命跳動的時刻因你而神聖，
發亮的心驕傲的升起，
無畏的裹在熱情裡。
我堅定的走過空曠大地，
從強力中解放。

見你忽現的面容，
痛苦粉碎了我，
夢想在生命之樹發芽。

1836 年聖誕節，燕妮像往日一樣去拜訪馬克思家，一直待到晚上十點，馬克思的大姐蘇菲才給她這本詩集。馬克思的情詩不僅感動了燕妮，連蘇菲也為這對遠隔兩地的情人一掬同情之淚。

燕妮一直珍藏著馬克思的詩，她從未給任何人看過，甚至連她自己的家人，也沒有閱讀的機會。這些詩象徵著他們的愛情。很多年後他們談起這些詩，馬克思總是笑自己年輕時的荒唐。

一心望子成龍的亨利，眼見馬克思鎮日沉浸於天馬行空的胡思亂想中，只知空談理論與創作詩劇，花錢又不知節制，對自己的前途也毫不積極，亨利不禁憂

從中來。他不斷在信中提醒愛兒應該考慮到對家庭的責任，好好想想未來要從事的職業，並為他分析各種職業的優劣，如法官、律師、法學教授等。可惜馬克思此時若不是還無法決定自己的志向，就是不想讓老父傷心，所以即使他寫了封長信給父親，在信中也沒有正面的回應。1838年元旦，亨利因長期的肺病、肝病，及嚴重的咳嗽而病倒，在病中他仍一遍又一遍的讀著馬克思的來信，擔心著愛兒的前途。同年5月10日，亨利於馬克思學期中時病逝於特利爾，享年六十歲。馬克思終究沒能趕回家見父親的最後一面。

父親病逝後，馬克思更加積極的參與青年黑格爾學派的活動與哲學的研究，並著手撰寫以比較兩位古希臘哲學家為題的博士論文，這可以說是他對希臘哲學

透徹研究的成果。＊在論文中，他大膽且有創意的比較了兩位希臘哲學家的差異，並極力稱讚古希臘神話中的英雄普羅米修斯＊。普羅米修斯因為從神那兒偷取了火種帶給人類，因此被鎖在高加索山的岩石上，永遠忍受著被老鷹反覆啄食肝臟的痛苦。馬克思的一生就像是普羅米修斯，為著人類的需要而努力，不惜任何艱難困苦也要達成所願，寧願被縛於岩石上任由老鷹啄食肝臟，也不願放棄他解救人類的崇高理想。

　　1841 年，馬克思終於完成了他的博士論文。這位年輕小伙子，竟然能夠在論文裡使用希臘與拉丁語文的原始資料，引用的

放大鏡　＊他的博士論文題為〈德謨克里圖與伊比鳩魯自然哲學的分別〉。兩位哲學家即是 Democritus 與 Epicurus。
＊普羅米修斯　即 Prometheus。

典籍，討論的哲學家、詩人、歷史學家不計其數。探究深入、論理精細且條理分明。在博士論文扉頁上，馬克思題著:「獻給父親般的朋友，政府顧問官，特利爾的路德維希‧馮‧威斯特華倫男爵。」以感謝這位亦師亦友的大恩人。 4 月，馬克思順利得到了博士學位＊，年僅二十三歲。

放大鏡

＊因為不想受到政治因素的影響，馬克思的博士論文是送到耶拿大學去評審的，因此他拿的是耶拿大學哲學博士的學位。這樣子的修業方式，在德國教育體系中是相當普遍的。

5 《萊茵報》

　　脫離了學生生涯的馬克思，真正要踏入社會，面對一無所知的未來。雖然他在柏林大學時，在哲學研究上已享有盛名，但是他也知道，像他這樣一個深具叛逆性格，思想激進而言詞鋒利的人，想要在學院的殿堂裡當一名循規蹈矩的學者是不太可能的。他該怎麼辦才好呢？

　　讓我們先來看看當時德意志的社會環境。就好像現在我們的社會一樣，任何年輕人要找到一份和自己的天性與才能相符的職業，是非常困難的一件事情，尤其在19世紀的德意志，因為政府的統治既傳統又保守，對一個有抱負、有想法的年輕人來說，他不是不快樂的屈服於高壓的統治，就是盡情揮灑自己的才學，

轟轟烈烈的開創一番事業。聰明的你，一定猜到天才洋溢的馬克思會選擇哪一條道路了吧？沒錯，他選擇的正是第二條路，他要揭開社會的黑暗面，勇敢的挺身而出；他採取了這條路上最直接，也最事半功倍的作法——報紙。

1842 年春天，馬克思移居到萊茵地區的新興城市——科隆，之後便常常為當地的一份報紙《萊茵報》撰稿。他第一次發表的文章，是批評政府對大眾所閱讀的書報設下的檢查制度，後來又陸續寫出許多討論言論自由的文章，他的理想和勤奮廣受報館年輕人的擁戴。最初這份報紙並不是站在反對派立場，經濟色彩多於政治色彩；直到曾為「青年黑格爾學派」一員的魯滕堡擔任總編輯，廣邀青年黑格爾分子寫稿後，才慢慢的轉變成以政治評

論為主的報紙。幾個月後，馬克思接任《萊茵報》的總編輯，開始對社會上不完善的地方大肆批評；除了政府施政上的過失外，官員的失職、其他報章上的錯誤，他也都毫不留情的加以抨擊。

在這個時候，他也越來越關心社會上不公平的事情。例如，古時候的人民認為森林是大家所共有的，任何人都可以拾取掉在地上的樹枝當柴燒；現在的森林都成了私有財產，凡是外人拾取了掉在地上的樹枝就要坐牢，而且還要支付森林主人任意訂定的賠償金，非常的不公平。尤其是窮苦人家，本來可以藉著撿取枯枝來幫忙家計，現在卻會被當成是小偷。以前念書的時候，馬克思只想到哲學、神學和法律，現在因為林木盜竊的案子，讓他開始考慮到政治經濟，以及私有財

產與社會階級等問題，並在報紙上寫了一篇名為〈林木盜竊案〉的文章，來批評這條法律。就這樣，馬克思用犀利的言辭，合理的實證，指出法律的不公平，暴露出社會黑暗的一面；《萊茵報》在馬克思的領導下，逐漸成為最現代、最有活力的報紙。可是這樣子的成長，卻讓《萊茵報》成為普魯士當局的眼中釘，政府的檢查也越來越嚴苛。

負責審查事務的檢查官，對《萊茵報》非常的苛刻，只要是他不了解的東西，一律查禁，不准出版。當時的審查制度非常嚴格，報紙一定要經過檢查官的審閱才能付梓，因此編輯和撰稿人都要在報社待命，準備隨時更改報紙的內容。由於檢查官的蠻橫，常使馬克思不堪其擾。為了報復檢查官，有一次馬克思趁著總督邀請檢查官和夫人參加舞會

的時候，遲遲不把稿子送審，偏偏檢查官又必須做完新聞檢查工作才能前往舞會。檢查官等了又等，等到報社都關門了，都還沒看到稿件的影子；到了深夜十一點，他再也忍無可忍，親自坐了馬車趕往馬克思的家裡敲門大吼。只見馬克思慢條斯理的從三樓的窗口伸出頭來說道：「我們明天不出版報紙，今天何必送審呢？」氣得檢查官直踩腳。

　　由於馬克思一再的挑戰權威，使當局終於作出查封《萊茵報》的決定。儘管萊茵省各城的忠實讀者都上書，請求國王暫緩施行這個禁令，但仍然挽救不了《萊茵報》的命運。1843年4月，《萊茵報》正式停刊。馬克思受不了這種思想閉塞的窒息感，心中產生了離開祖國的念頭，但在此之前，他有一件事情必須要先完成，那就是與燕妮的結

縞。

　　離 1836 年夏天的互許終身，已經匆匆過了七年。這段期間，這對分隔兩地的愛人備嘗精神上的折磨。尤其是留在家鄉的燕妮，一方面擔心馬克思的課業與工作，一方面還要承受家人對這椿婚事的反對壓力；尤其原本就站在反對立場的兄長斐迪南，更常常與燕妮爭吵，使她痛苦不已。1842 年 3 月，兩人最大的靠山馮・威斯特華倫男爵以七十二歲之齡病逝，從此，燕妮在家中再也得不到強力的支持，她的處境也越來越艱難。幸好，良好的教育，培育出燕妮純潔堅貞的品格，對馬克思堅定不移的愛，也讓她為了追求理想，不惜付出一切代價。她決心和馬克思攜手渡過最艱難困苦的人生，終生不悔，至死不渝。

　　1843 年 5 月，離開了《萊茵

報》的馬克思在渡假勝地——特利爾以東七十多公里之外的克魯思那城，完成了終身大事。二十五歲的卡爾·馬克思和二十九歲的燕妮·馮·威斯特華侖，經過了七年的愛情長跑，終於得償所願。

男爵夫人送新娘的禮物是一盒首飾——一套刻有威斯特華侖的蘇格蘭家族族徽的銀盤和一大盒現金，幫助他們渡過最初幾個月的婚姻生活。新婚夫婦在萊茵渡蜜月，後來為了幫助朋友，在一星期中就用光身上的現金了。在他們的後半生中，因為馬克思沒有固定收入，也常常陷入貧窮的境地，但是他們一點也不以金錢的短缺為苦；尤其燕妮終其一生支持著馬克思，永遠為他準備一個安靜的環境，供他寫作。為了幫助馬克思與他思想前進的朋友們，燕妮還典當了她的嫁妝，

奉獻出她所有的金錢，以最大的熱情來參與馬克思的一切。他們的好友恩格斯佩服的說：「燕妮是把別人的幸福當作自己幸福的人。」

不僅如此，燕妮還具有精明的分析與正確的判斷能力，狂妄自負如馬克思，也常常與她討論他的著作與理想，並且非常重視她的意見，他的朋友拉法克說：「馬克思不聽完燕妮的意見和評論，是不會付印任何文章的。」且由於馬克思字跡潦草，有時候連他自己也認不出來，也有賴燕妮細心的把他大量的手稿整整齊齊的謄寫出來。馬克思的每本著作可以說都有燕妮的心血。

燕妮的賢淑能幹與無私的高尚品格，實在令人佩服，馬克思娶燕妮為妻，真可以說是他一生中最大的收穫！

在離開科隆之前，馬克思曾

與好友盧格商議，要創辦新的雜誌《德法年鑑》。 1843 年夏天，新婚的馬克思夫婦便在男爵夫人的別墅等待盧格的消息。白天馬克思在工作室全心投入於看書寫作，傍晚則和燕妮在河邊散步。他們在萊茵河畔渡過了一生中最清閒恬靜的幸福時光。

6 《德法年鑑》

　　自 1789 年和 1830 年法國大革命以來，巴黎成為世界文化中心，精神活動和政治活動非常活躍。巴黎也是歐洲革命中心，有各種政治團體、社團、沙龍＊，匯集著許多詩人、藝術家、思想家、作家和改革家。晚上咖啡館播放著音樂，革命思想在空氣中醞釀，反對舊制度，反對君主制，反對教會和軍隊，反對任何人壓迫、奴役人民。巴黎也是政治流亡者的集中地，每年都有從俄國、德意志、義大利等地來的流亡人士。當時居住在巴黎的德

放大鏡

　　＊沙龍　法語 salon 的音譯。意為客廳或會客室，後來在歐洲被用來指上流社會談論文學、藝術或政治問題的社交集會。18 世紀是沙龍的黃金時代，歷史上許多有名的思想家、文學家、科學家等，都常出入當時巴黎的著名沙龍。

人有八萬五千多名，是德意志以外最適合出版德文雜誌的地方。因此盧格邀請馬克思去巴黎共同創辦《德法年鑑》雜誌，馬克思夫婦也欣然前往。

　　他們搬進盧格住的地方——塞納河左岸市區的瓦諾街三十八號，與合辦雜誌的另一位朋友海文合住，由三位夫人輪流做著燒飯、打掃、縫紉等家務。盧格不能忍受馬克思的生活習慣，所以不到兩個星期就各自分手了。在盧格的描述中，可以看出馬克思和以前一樣，專注起來就廢寢忘食，也因此他的生活習慣相當雜亂，他說:「馬克思什麼事也做不好，打破所有的東西，總是沉浸在書海裡。他可以三、四天不睡覺，一直不停的工作直到病倒。」

　　這時候，馬克思夫婦的長女燕妮‧馬克思＊誕生了。小燕妮長著一頭烏黑的秀髮與一雙又黑

又亮的大眼睛，長得很像馬克思，也是他最寵愛的掌上明珠。小燕妮一直是馬克思夫婦快樂與憂慮的泉源，因為她一出生就體弱多病，讓他們擔心不已。燕妮沒有帶孩子的經驗，面對小燕妮的病情常不知如何是好，所以特地帶她回特利爾，求助於母親；幸好在家鄉良好的環境下，小燕妮慢慢恢復了健康。馬克思則獨自留在巴黎，一邊寫文章，一邊研究「經濟學之父」亞當‧史密斯＊的學說，對政治經濟和社會發展，有了更深、更正確的了解。

　　不管如何，《德法年鑑》在盧格、馬克思、海文、恩格斯、

放大鏡
＊燕妮‧馬克思　德文原文是 Jenny Caroline Marx，暱稱為「Jennychen」，意為「小燕妮」。
＊亞當‧史密斯　即 Adam Smith。英國社會哲學家及經濟學家，以經濟學名著《國富論》一書享譽於世。

詩人海涅等人的合作下，還是勉強創辦起來了。一開始雖然是由盧格擬定了《德法年鑑》的綱領，可是他到巴黎不久就生病，只好把領導工作交給馬克思。他們經常在馬克思的寓所聚會，一邊猛烈的抽煙，一邊大聲興奮的辯論自己的想法，引得街上的路人停下來，向窗戶裡觀看。

但是《德法年鑑》並未如預期般在法國引起注意，反而因為雜誌中對普魯士的批評，讓雜誌在德意志遭受到被查禁的命運；加上盧格與馬克思漸漸發現彼此的觀點落差太大，《德法年鑑》因此僅出版了兩期（一、二期合刊本）即告停刊，盧格不但把雜誌賣了，收回大部分投資，又不守信用，拒絕付給馬克思應得的薪水，使他們的家庭陷入了極端的困境。

禍不單行的是，馬克思發表

了一篇嘲笑普魯士國王的文章，使普魯士國王向法國皇帝路易—菲利普*施壓。1845年1月25日，馬克思接到了法國政府的驅逐令，他再也不能留在巴黎了。

　　馬克思在巴黎居住的期間（1843～1845年），對政治和社會的發展都有了新的看法。因為他在因緣際會下，接觸到了當地的工人團體，第一次真正看到那群在社會光鮮亮麗的表象下，以勞力謀生的窮苦人民*。他們為生活而掙扎的景象，深深影響、打動了馬克思，促使他產生讓大家都擁有共同財產的想法。他認為，只有大家都沒有自己私有的財產，才

放大鏡

*路易—菲利普　Louis-Philippe，1830年繼承王位，1848年被迫退位。

*雖然馬克思在學生時代就已經體會到不同階級之間的差異，但當時能就讀大學的人基本上都是社會上較富有的階級，與另一個以職業養成為主的教育體系根本完全隔離，因此，馬克思在大學時期體會到的，不過是有錢人與「更」有錢人的不同而已。

可能彼此關心、相互幫助，使社會中的每一個人都能得到幸福。但是要改造這個人人已經習以為常的社會是多麼困難的事呀！尤其是那些從現有制度中得到利益的人，怎麼可能會輕易放手呢？他們創建宗教團體，制定法律條文，絕對不會眼睜睜看著到口的肥肉就這樣飛掉的。因此要達到財產共有的理想，就必須要喚醒社會上可憐的窮困人民，勇敢的站出來與上層階級對抗，徹底的對社會進行大改革，這樣子才能解救這些痛苦的人民，才能夠使人類得到真正的幸福。從此，這個想法成為馬克思一生奮鬥的目標，至死不渝。

　　馬克思夫婦在巴黎也結識了一些好友，例如著名的浪漫詩人亨利‧海涅。海涅是馬克思年輕時代就夢想認識的詩人，他們有著同樣的背景，都是德裔猶太人

改信基督教，都認為德意志缺乏精神生活而流亡國外，也深深受到黑格爾哲學影響，都是極其聰明而善於批評的人。海涅經常是馬克思家的座上客，有時也會帶來他新的詩作，徵求馬克思和燕妮的意見。有一次他來訪的時候，發現馬克思夫婦因為小燕妮忽然全身抽筋而嚇得手足無措，他於是建議給孩子洗熱水澡，總算救回小燕妮一命。

馬克思非常喜愛海涅的作品，畢竟他自己也曾經想以文藝創作過活。他說：「詩人都是些奇怪的魚」，必須讓他有自己的方式，我們不能以常人或非常人來評論他們。」

另外一位對馬克思造成終生影響的，便是當時人在英國的恩格斯了。恩格斯到柏林服兵役的時候，曾抽空到柏林大學聽課，成為「青年黑格爾學派」的一

員；當時馬克思雖然已經畢業了，但他的名聲在柏林大學中仍是如雷貫耳，從未見過他的恩格斯甚至為他寫了一首詩：

誰是那個奔騰而起的人？
一個巨大黝黑的特利爾人，
不跑，不跳，卻飛快的前進，
大聲吶喊，
像要扯下天上的帷幕。
向天空伸開雙臂，
揮著惡拳，激昂的狂言，
像一萬個魔鬼揪著他的頭髮。

此時恩格斯也在《德法年鑑》上發表了兩篇文章，成為日後兩人終身夥伴關係的起始。

7 與恩格斯的友情

　　巴黎雷金絲咖啡館是知識分子們最愛去的地方。1844 年 8 月 28 日，馬克思和恩格斯談得正高興，煙霧瀰漫中，恩格斯說:「我到柏林服兵役的時候，你已經離開了。可是你卻像神話中的人物一樣被人談論著，我還為你寫過一首詩呢！後來你在《萊茵報》擔任主編時，我特地去看你，為什麼你的態度那麼冷淡呢?」

　　馬克思說:「因為我當時正忙著和一些青年黑格爾學派的人進行論戰，你又是青年黑格爾學派的人，因此對你的態度比較冷淡。很可惜我們沒有深交就分手了。」

　　恩格斯說:「我在《萊茵報》上也發表過文章。」

　　馬克思說:「但我認為你最有

意思的文章還是在《德法年鑑》上發表的書評，以及〈國民經濟學批判大綱〉那篇文章。你所描寫的英國工人狀況是我不知道的，看了你的文章，我又得到了全新的知識。」

兩個人談得太開心，到咖啡館打烊了都還依依不捨，於是便一起回到馬克思的住處，繼續討論，徹底探討一些重大的理論及政治問題。最後欣喜的發現，他們不僅出身背景類似，追求真理的熱忱與為人類奉獻的決心也都一致，對同一事物的思考結論也往往相同。兩個年輕人內心的熾烈火焰，在恩格斯逗留巴黎的十天之間，越燒越烈，成為終生不熄的友誼之火。

四十年後恩格斯在一篇序言裡說：「1844年夏天，我去巴黎拜訪馬克思的時候，我們對所有理論範圍的看法完全一致。顯然我

們的合作就從那時候開始。」

腓特烈・恩格斯，1820年出生，是家中的長子。和社會中許多人一樣，他的家庭信仰虔誠，工作勤奮。他的祖先原本以務農為生，在傳統農業社會逐漸轉型為工商業社會時，轉為發展紡織業，父親和兩個兄弟一起合夥拓廣事業，於英國的曼徹斯特及德意志的巴爾門等地都建造了棉紗廠。父親個性非常嚴肅，對恩格斯也相當嚴厲，常常讓幼小的恩格斯感到畏懼，幸好母親愛麗絲的性格幽默輕鬆，多少沖淡了家中過於嚴肅的氣氛，恩格斯也因此與母親較為親近。

身為家中的長子，自小恩格斯就受到父親嚴格的要求，中學畢業後就在棉紗廠裡工作。對此，恩格斯雖然感到痛苦，但是他也了解唯有充足的經濟基礎，才有可能做自己真正想做的事，

因此他認真的將他的組織能力與管理長才發揮在工廠中，成為一位成功的生意人。

由於年紀輕輕就在工廠裡任職，恩格斯最能夠直接看到下層階級的工人們辛苦工作的模樣，因此，他十八歲時就用筆名在剛開辦的《德意志電報》上寫了一篇文章，裡面描述著：

……當晚上十一點酒店關門的時候，一群醉漢蜂擁而出，他們通常就睡在貧民區，因為工作的廠房都在底層，他們吸進了很多灰塵和煤煙。有許多小孩子，從六歲時就開始在工廠裡工作，他們的生命和快樂都因此而被剝奪。紡織工人們在家中從早到晚彎腰紡織，在爐子前烤乾了骨髓。他們多半酗酒……

　　就這樣，恩格斯白天在棉紗廠努力勤奮的工作，下班以後的空閒時間，就全心追求他的革命思想。因為他親身體驗了工人們工作的辛勞，對下層階級的人民，自然而然有著更多的同情心，也就更為重視他們的權利，這對他未來思想理論的形成有著推波助瀾的影響。再加上恩格斯的女朋友瑪麗・波爾斯是工人的女兒，時常帶著恩格斯走過上層階級連想都沒有想過的貧民區，讓他更走向了共產主義；後來，馬克思走上共產主義之途，恩格斯實在扮演著關鍵性的角色。恩格斯在 1845 年出版的名著《 1844 年英國工人階級的處境》裡這樣描寫著：

　　這兒到處都是大堆汙物，煙囪裡冒著黑煙。一堆襤褸的婦女及孩子像豬一樣髒，擠在垃圾

堆上和泥坑裡。兩個小房間住二十個人。真正是到了人類的最低層。……這些貧民窟是多麼令人羞恥！

　　從中可見他對於社會中竟然會出現這種現象所感到的痛心。
　　與馬克思相比，恩格斯的思想雖然不夠深邃，但是一樣的博學多聞。他與馬克思一見如故，並深深為馬克思的橫溢天才所折服。恩格斯知道，沒有固定工作的馬克思常生活得窮困潦倒，根本無法好好靜下心來從事思想的工作，於是便一肩扛起供應馬克思生活經費的大任，不僅是辦報紙、辦雜誌，就連馬克思一家的房租、伙食費、孩子們的學費、補習費，甚至是馬克思女兒們長大以後買禮服、開舞會以及全家去渡假的錢等等，都由恩格斯負擔。

　　恩格斯不只給予馬克思經濟上的援助，更是他事業上的好幫手。雖然恩格斯的學歷只有中學畢業，卻靠著不斷的自修，對哲學、化學、生物學，乃至於軍事都有相當深入的研究，還能夠閱讀歐洲二十多種語文的刊物！因此他有能力與馬克思合寫《神聖家庭》和《德意志意識形態》等書，著名的《共產黨宣言》也由兩人合作完成。馬克思的手稿既雜亂又潦草，沒有恩格斯的整理絕對不能面世，甚至馬克思許多的名著都是由恩格斯接續完成；如果說沒有恩格斯這位朋友，就沒有後來的馬克思，一點也不誇張。

　　恩格斯終生不為名，也不為利，毫無怨言的為馬克思奉獻出一切，在這個苦難的世界上竭盡所能的保護著馬克思完成他的理想。恩格斯了解馬克思深奧的思

想，並且能用更清楚易懂的語言
表達出來。他一生只想在馬克思
的背後，毫不自私的付出，他從
未想過和馬克思競爭。四十年後
他寫下：

> 我真不懂一個人怎麼能嫉妒天
> 才，他們是非常特別的人，我
> 自知沒有這份天才。嫉妒天才
> 的人是小人。

8 流亡布魯塞爾*

　　1845 年 2 月 3 日，馬克思一家人離開巴黎，到達了當時歐洲大陸唯一願意接納政治犯的比利時首都布魯塞爾。國王利奧波一世要求馬克思給予書面保證，承諾在比利時行為端正，才答應讓他入境。因此馬克思寫下：

　　　為了得到在比利時居住的許可，以我的名義擔保，不在比利時發表任何有關當時政治的文章。

　　　　　　卡爾・馬克思博士

　　剛到布魯塞爾，馬克思便從出版商那兒拿到一千五百法郎，加上恩格斯把他自己的稿酬一千

*布魯塞爾　即 Brussels，是比利時的首都。

法郎全部送給馬克思，所以馬克思的生活暫時無虞。此時，燕妮帶著小燕妮，也從特利爾來到了布魯塞爾與馬克思團聚。從 1845 年到 1848 年，他們在比利時一共住了三年。這時候燕妮生了第二個女兒，取名蘿拉。男爵夫人擔心她家務事太多，從特利爾送一個女僕海倫·德莫來幫忙。海倫是個小巧優雅的農家女，十一、二歲就到男爵家做事，男爵夫人把她訓練成最好的幫手。海倫對主人極其忠心，孩子們把她當作第二個母親，而她也是燕妮親密的朋友。在家中，馬克思有時候也要聽從她的。海倫終身在馬克思家和他們一起渡過最窮困的日子。

　　馬克思喜歡下棋，有一次和朋友萊布勒下棋輸了，馬克思便對他說：「明天早上到我家來下棋，我要報仇！」第二天早上十一

點，萊布勒到馬克思寓所，發現他整晚沒睡，原來是為了想下棋的對策。馬克思不論是工作還是遊戲都會全神貫注。剛開始時都是馬克思贏了，他高興得要慶祝勝利，跟海倫要了三明治和飲料繼續棋戰。兩人將整個下午、整個晚上的時間都耗在棋盤上，萊布勒接連兩次得勝，馬克思還想繼續下到天明。這時候海倫進來命令視線已模糊的兩人：「現在，你們馬上停止！」

次日清晨，萊布勒在睡夢中被人敲門吵醒，原來是海倫，她說：「馬克思夫人求您晚上別再跟摩爾下棋了，他輸了的時候脾氣很大呢！」

一年後，馬克思和燕妮的第一個兒子出生了，取名愛德卡。現在馬克思一家有三個孩子、一個女僕，是個大家庭，負擔更重了。比利時生活昂貴，為了房租

伙食，馬克思只好到處借貸，也
常舉家四處搬遷。

　　1845 年 4 月，恩格斯也搬來
布魯塞爾，與馬克思家比鄰而
居。一天，恩格斯對馬克思說：
「青年黑格爾學派的學者鮑爾寫
了一篇〈批判的批判〉，他攻擊
工人階級，否定群眾運動。這樣
吧，我們合寫一本小冊子，打擊
他這樣輕視群眾力量！我想，不
超過四十頁吧！這是我寫的二十
頁，你繼續寫完吧！」幾個月後，
馬克思不但寫完這本書，還遠遠
超過四十頁，總共有三百頁，書
名為《神聖家庭》，在法蘭克福
出版。德意志最大的保守派報紙
評論它說：

　　《神聖家庭》這本書是鼓吹反
　　對國家、反對教會、反對家
　　庭、反對法制、反對宗教和財
　　產……我們看到的都是最激進

的共產主義，……無可否認，馬克思先生有非常淵博的知識，善於應用黑格爾邏輯作為辯證的武器。

普魯士政府恐慌了，向比利時政府施壓，意圖驅逐馬克思；馬克思非常氣憤，決定放棄普魯士國籍，從此成為一個世界公民，無國籍的流亡人士。

馬克思與恩格斯兩人於9月前往英國倫敦與曼徹斯特訪問六個星期。在異地重逢的兩位好友，開始計畫進行繼《神聖家庭》後的第二本著作《德意志意識形態》。兩人在撰寫這本書時，常常忙到廢寢忘食，到凌晨三、四點仍不停筆。寫到得意處，還時不時放聲大笑。只可惜這本書在兩人在世之日都沒有出版社願意出版，直到1932年才在莫斯科出現。

　　他們利用當地圖書館的藏書，研究英國著名的經濟學家和社會發展文獻，為他們未來的著作累積了相當豐富的參考資料。另一方面，他們還會見了當地共產黨的人士，讓他們深深感到，各個國家的社會主義和共產主義應該聯合起來。於是兩人回到布魯塞爾以後，便成立了「布魯塞爾共產主義通訊委員會」，讓他們可以和西歐其他的協會互通消息，宣傳共產主義。

　　馬克思主張下層階級的工人們必須起來鬥爭、進行大改革的想法，慢慢改變了其他抱持著較為溫和想法的協會。 1847 年在倫敦召開的第一次代表大會，雖然馬克思沒有參加，但是大會仍然採取了馬克思與恩格斯的想法，正式改名為「共產主義聯盟」。「布魯塞爾通訊委員會」加入聯盟，成為比利時分會，由馬克思

擔任主席。

　　1847 年 11 月，馬克思出席再度在倫敦召開的共產主義聯盟第二次代表大會。聯盟的目的是，要解放人類就必須先散播共有財產理論，推翻資產階級，由無產階級專政；以階級鬥爭廢除舊資本主義社會；廢除私有財產，建立沒有階級、無私有財產的社會。代表們一致通過，大會決定委託馬克思起草一個綱領，說明聯盟的宗旨與目的。這就是世界著名的《共產黨宣言》＊。

放大鏡

＊雖然聯盟僅委託馬克思進行撰寫，馬克思仍與當時人在巴黎的恩格斯，以信件來往，不斷商討綱領的內容。但是幾乎可以確定，最後的定稿是由馬克思寫就，且是在聯盟的一再催促下才完成的。

9 《共產黨宣言》

　　從就學時期的學生團體開始，馬克思就體會到人與人之間有著貧富的差距，每個人並不是完全平等的，能夠享用的資源也不一樣。到他自學校畢業，踏入社會的那一刻，這樣的感受就更為深刻。

　　隨著辦《萊茵報》而拓展的視野，以及在巴黎負責《德法年鑑》期間與窮困工人的接觸，馬克思一路走來，眼中見到的盡是社會上不公平的現象。他為社會中的窮苦人民感到痛苦，共產思想的種子，早已深埋在馬克思體內；等到他遇見了一生中的摯友恩格斯，這顆種子終於成長茁壯，即將衝天而上。

　　1848 年 2 月，以馬克思和恩格斯為共同作者的《共產黨宣

言》，＊正式在倫敦出版。雖然《共產黨宣言》並沒有如馬克思預期一般在當時造成廣大影響，但其中展現出馬克思共產學說的基本思想，為現代共產主義理論奠定了基礎，成了未來社會革命運動的指南。到現在，這部著作已經被翻譯成三十幾種語言，發行過數百種版本，成為一部廣為世人所知的不朽經典。現在，就讓我們來看看這本書到底在說些什麼吧！

「所有社會的歷史，都是階級鬥爭的歷史。」《共產黨宣言》第一章開宗明義的表明了馬克思的基本想法，他認為在人類歷史上，始終存在著自由人與奴隸、貴族與平民、地主與農奴等壓迫

放大鏡 ＊首次在倫敦出版的《共產黨宣言》並未標示作者的姓名，一直要到兩年後英文翻譯本的印行，才開始在作者欄註明馬克思與恩格斯。

者與被壓迫者的對立。這些不同的階級，在不同的時代之中有著不同的名稱，但是到了馬克思的時代，逐漸簡化成兩大陣營，一個是「資產階級」＊，另一個則是「無產階級」＊。

「資產階級」指的是擁有產業，就是生產財富的工具，而不需勞動即可享有利潤的地主和企業家。「無產階級」則是指沒有屬於自己的產業，以出賣勞力獲得收入的勞動者；他們為了生活不得不忍受雇主的剝削，因此造成了「窮者越窮，富者越富」的現象。馬克思發出不平之鳴：大家都是人，為什麼有人就可以高高在上，享受別人辛勤付出的成

放大鏡

＊**資產階級** 即 bourgeoisie，也有人音譯為「布爾喬亞」。
＊**無產階級** 即 proletariat，也有人音譯為「普羅階級」或「普勞階級」。

果呢？他認為，要解決這種不公平的現象，就只有靠實現共產主義才有可能。

　　就如「共產主義」這個名詞所揭露的，它的目標就是要藉由廢除私有財產，達到「財產的共有」，讓每個人都能夠完全自由的用自己的能力、自己的力量，在不侵犯其他人的權利下，獲得幸福的生活。因此，土地私有制度應該廢除，世代繼承的權利也該中止，所有工廠與生產工具全部收歸國家所有，讓國內的每個人都能自由的享用。這看起來是不是很理想呢？社會中的貧困人民們，也想跟那些貴族人家一樣，過著富裕舒適的生活，當然會贊同馬克思的想法，但是，對那些貴族來說，這就好像是要將他們從高高的天上拉下來一樣，怎麼可以讓這種事情發生！

　　所以馬克思要沒有資產的窮

苦人民們勇於對抗資本家們，如果他們成功，將可以取得一切他們被剝奪的東西；就算他們輸了，反正他們什麼都沒有，也沒有什麼損失。在《共產黨宣言》的最後，他大聲疾呼：「工人們除了身上的枷鎖，再也沒有什麼可以失去的了。全世界的工人們，聯合起來吧！」《共產黨宣言》定下了現代共產主義理論，是馬克思主義的經典作，成為全世界無產階級運動的指南。

　　《共產黨宣言》為革命運動注入了可怕的訊息，改變了整個社會運動的方向。因為在此之前的歐洲社會運動團體，多半抱持著人道主義或是溫和的改革思想，他們破除語言、國籍、種族的隔閡，強調「四海之內皆兄弟」的友愛思想，視彼此為兄弟姐妹。但是馬克思的革命理論卻引進了階級、鬥爭等嶄新的概

念，人與人之間再也不是和諧友愛的關係，而是充滿著衝突，是在追求權力與利益的路上，互相傾軋的敵人；原本抱持溫和主張的團體被他劃清界線，只有採用暴力革命手段的人，才被他視為是共產主義的一分子。

在《共產黨宣言》出版後不久，法國正好爆發了二月革命，巴黎的學生與工人，在街道上進行暴力抗爭，國王路易──菲利普被迫退位，成立了法國「第二共和」。革命之火很快便在歐洲蔓延開來，3月，柏林也開始爆發亂事。強烈主張以暴力手段推翻資產階級的馬克思，聽聞此事自然大喜過望。他拿父親遺產中的五千法郎，為流亡中的德意志工人購買武器裝備，準備奮力一搏；只是比利時政府比他快了一步，在工人們發動前，便派軍隊將他們都抓了起來，警察們也在

深夜衝進馬克思的家裡大肆搜索，將馬克思與燕妮都關進了大牢，直到第二天下午才釋放，並命令他們必須在二十四小時之內離開比利時。

幸好這時候法國已經改朝換代，馬克思一家得以前往巴黎。於是在一個灰暗的冬日，馬克思全家在警察押送之下，搭著擁擠的火車，在1848年3月5日，辛苦的重返睽違三年之久的巴黎。只是經過了暴力革命的摧殘，巴黎滿街都是碎玻璃和石頭，已經是殘破不堪了。

10 《新萊茵報》

受到二月革命的鼓舞，許多流亡巴黎的外籍人士，都想回到祖國去發動革命，尤其是巴黎的德意志工人更是群情激憤，革命一觸即發。於是，整個 1848 年 3 月，普魯士首都柏林便處在抗爭、遊行與罷工的風暴中。可惜工人們經驗不足，也缺乏政治能力，在普魯士國王巧妙的操作下，德意志的革命運動最後仍以失敗告終。

馬克思精準的看到了這次革命失敗的主要問題，因此認為在德意志發動革命還不是時候，應該繼續在巴黎延續這股革命之火，等到燎原之勢將成，再將這革命的火炬帶回德意志，這樣才有大獲全勝、徹底讓工人翻身的可能。只是巴黎的流亡者們，被

革命的浪潮沖昏了頭，根本聽不進馬克思的諍言，甚至指控他是膽小、懦弱的叛徒。馬克思此時簡直兩面不是人！就在這個時候，馬克思從科隆的朋友維爾特＊那裡，得知當地的共產黨員想要辦理一份報紙，於是他決定返回科隆籌辦報紙，從矯正人民的觀念做起，希望喚醒人民的意識。這份由馬克思與恩格斯兩人共同主導籌辦的報紙，就是《新萊茵報》。

但是要使一份報紙無中生有，哪裡有那麼簡單！特別是辦理報紙所需要的資金，都必須向資本家募集，但辦理這份報紙的目的卻又是煽動人民對抗他們；對資本家而言，如果拿錢贊助馬克思，簡直就是「拿磚頭砸自己

放大鏡

＊維爾特　即 Georg Weerth，生於 1822 年，卒於 1856 年。他除了在科隆，也曾在英格蘭、布魯塞爾等地活動。

的腳」！所以馬克思和恩格斯只
能隱瞞辦報紙的目的，東湊西
湊，勉強在 1848 年 5 月 31 日刊出
了第一期的《新萊茵報》。

《新萊茵報》編輯部的成員
都是一群有理想的年輕人。除了
由剛滿三十歲的馬克思擔任總編
輯，管理一切事務外；恩格斯不
到二十九歲，精通各國語言，文
筆清晰、眼界寬闊；維爾特負責
寫小品文、詩歌、散文等，提供
讀者不同的樂趣；革命詩人弗萊
里格＊，則是在報上寫出震撼人
心的詩句。這些年輕人，化槍桿
為筆桿，試圖用文字的力量，吹
響革命的號角，喚醒德意志人民
的革命精神。

但是隨著報紙的出刊，馬克
思一夥人辦報紙的目的逐漸顯

放大鏡

＊弗萊里格 即 Ferdinand Freiligrath，生於
1810 年，卒於 1876 年。

露，當初出錢投資的資本家紛紛退出，馬上使得報社面臨入不敷出的窘境。到了11月，任職主編達半年的馬克思，甚至連一份薪水也領不到。

不僅在財務上面臨危機，由於作者群們多次大肆批評、攻擊政府，導致報社總部遭到普魯士警方的強行搜索，並在10月受命關閉；雖然於兩週後又行復刊，但期間包括恩格斯在內的幾位編輯，紛紛逃離科隆以避牢獄之災，甚至馬克思本人也被法庭傳訊，這些阻擾都使得《新萊茵報》元氣大傷。

儘管情勢這樣的不利，但意志力過人的馬克思仍不願放棄，他的言論依舊犀利、激烈，他的活力與毅力仍然驚人，不斷透過一篇又一篇的文章，向世人傳達自由的理念。經過了半年的努力，終於使得普魯士王室忍無可

忍，決定將馬克思驅逐出境，正式為《新萊茵報》吹響了熄燈號。

　　被限定要在二十四小時之內離開德意志的馬克思，只好結束報社的營業，在變賣了印刷機和家具等等的一切物品後，好不容易才付清報社職員的工資，他自己也一分文不剩了，又淪為一貧如洗的難民。這個時候，馬克思因為鼓吹叛亂，也在法國遭到通緝；他潛入巴黎才一個月，就被警方發現，又被驅逐出巴黎，歐洲各地的動亂，也陸續被一一平息，他之前的努力眼見就要功虧一簣了……

　　接下來，馬克思要去哪裡呢？還能去哪裡呢？自他大學畢業踏入社會以來，全家人在德意志、法國、比利時等國家間四處遷移，他就像是個燙手山芋般，被丟過來、丟過去，歐陸之大，

竟無他容身之處。但這樣的生活是他自己選擇的，他不願意屈服權威，更不願意昧著良心，眼見世界上許許多多的人民繼續受著苦難而無動於衷。相繼吃到歐陸各國閉門羹的馬克思，決定離開歐洲大陸，渡海前往英國的首都——倫敦。原本他期望歐洲大陸的平靜不會持久，革命的力量勢將再起，到時他就可以安然返回故鄉，為共產主義的建立繼續努力。誰料事與願違，他往後三十四年的餘生竟然都在這個城市度過。幸而深深了解他的燕妮，作為馬克思的後盾，始終不離不棄的伴隨著他，與他共同迎接即將到來的寒冬。

11 生命中的寒冬

貧困的日子

　　1849 年 8 月，馬克思離開了歐洲大陸，來到了當時世界經濟的中心——倫敦。當時的倫敦擁有一百萬的人口，而且許多在歐陸革命失敗的人士，都紛紛前往暫避風頭，使倫敦的人口數急速的上升。根據一項人口調查紀錄的記載，從 1841 年到 1851 年，移民倫敦的人數竟達到三十萬之多！這麼多的人口突然間湧進這個原本就人口眾多的城市，對當地的生活環境，尤其是公共衛生造成了很大的影響。倫敦的市容醜陋不堪，馬車、牛、羊和窮人擠在街上，路上滿是泥濘，煙囪冒著黑煙，像團黑墨水升上天空，黑灰像雪花般飄了下來。人

口的雜處與衛生條件的惡劣，導致疾病傳布得非常普遍且迅速，三個孩子中就有一個不到一歲就死亡。馬克思來到倫敦的前一個月，霍亂正開始流行。

剛到倫敦的馬克思身無分文，根本不知道該何去何從，只能在一位朋友家中暫住；更糟糕的是，才抵達倫敦一個禮拜，精疲力竭的馬克思也感染了霍亂。

9月，懷有七個月身孕的燕妮帶著三個幼小的孩子從巴黎來到倫敦與馬克思團聚，並在維爾特的幫助下，搬往安德生街四號一間小公寓裡居住；就是在這裡，馬克思一家度過了他們一生中最困苦的兩年，因為不僅貧窮、疾病纏身，11月家中又多添了一個人口——次兒亨利。由於燕妮懷孕的時候，過著顛沛流離、壓迫緊張的生活，亨利一出生身子就很虛弱，每晚都睡不到三、四個小

時，後來也早天了。

馬克思一家就在這小小的房間裡，過著舉債度日的艱苦生活。馬克思無法出門，因為他為了籌措生活開支不得不典當他的大衣；他也沒有辦法寫文章發表，因為他們連下一餐都不知道有沒有得吃，哪裡還有錢買紙！他告訴恩格斯：

我沒有辦法出門，因為衣服在當鋪裡。……我沒有辦法找醫生，因為家中沒錢買藥。過去十天八天，全家只有麵包和洋山芋可以吃，不知道今天吃了明天還有沒有。我怎麼才能跳出這個人間地獄？我們窮困到極點了。……百分之二十五的錢要付給當鋪……我在樓上寫信，我太太還得在樓下應付一群上門討債的人。……

　　英國的房東對這些流亡海外的難民也極盡剝削之能事。馬克思的女房東，在他手頭不方便付不出房租時，竟請來警察，威脅要取走家中的床褥、毛毯，甚至連嬰兒的搖籃與玩具也不放過，以作為抵押品。一位朋友剛好前來拜訪，趕緊拿錢代馬克思償還欠款，誰知道附近的麵包店、肉鋪、雜貨店等等馬克思賒有欠款的店鋪聽聞此事，也都紛紛趕來討債，逼得燕妮不得不將家中的睡床賣掉，好不容易才償還了這些欠債。這樣一場因為遲付房租而引起的騷動，竟然引起兩百多位鄰居的圍觀，讓馬克思顏面全失，真是情何以堪！他們因此也不願意再在那裡繼續住下去。

　　在一間德意志旅館短暫的停留後，馬克思一家搬進了當時聚集了各國流亡人士的「蘇荷區」。迪恩街六十四號頂樓上，

兩個小房間的公寓，他們在這兒住了六年。還記得燕妮的哥哥斐迪南嗎？他這時已經貴為普魯士的內政部長，為了要知道妹妹與妹夫的情形，他特地派了一個間諜前去探聽馬克思的消息，我們看看他的報告，就可以知道此時的馬克思是多麼的困窘。他說：

　　馬克思住在倫敦最窮也最便宜的地區；他們的住處一共才兩個小房間，面對迪恩街的房間是客廳，後面一間是臥室。整個住所找不到一件完整的家具，每樣東西不是破爛、修補過的，就是快要壽終正寢的。每個家具上面都蓋了半寸厚的灰塵，髒亂不堪。客廳中間擺了一張大桌子，上面蓋了一塊油布，放著馬克思的手稿、書籍和報紙、孩子們的玩具、燕妮縫補用的破布和碎布，還有

幾個有缺口的杯子，骯髒的茶匙、刀叉、燭臺、墨水瓶、玻璃杯、荷蘭煙斗，和一堆厚厚的煙草灰等等。總之，所有的家當都亂七八糟的堆在這張大桌子上。

間諜繼續說道：

訪客一走進馬克思的家裡，眼睛立刻被煙草和煤炭煙燻得睜不開，就好像鑽進一個老鼠洞裡。慢慢習慣了煙燻以後，才能在煙霧瀰漫中模模糊糊的看出房間中的布置。這裡每樣東西都髒兮兮的，每樣東西都滿布著灰塵，要找張椅子坐下都不容易，而即使找到也要當心，因為椅子通常都只有三隻腳，只有燕妮準備食物和孩子們玩耍的椅子才是完整的。就算他們受邀坐下，四隻腳的椅

子上卻仍擺著孩子們玩家家酒的玩具，還沒整理乾淨……但馬克思夫婦一點也不介意這樣的環境，他們非常友好的接待客人，親切的請他抽煙。愉快又有智慧的談話，補償了周圍不愉快的感覺。

由此可見這個時候的馬克思是處在多麼艱困的環境啊！但是上天彷彿要折磨他似的，竟又讓他嚐到比環境的困苦更為辛酸的苦難……。

孩子們的相繼辭世

馬克思的脾氣本來就不好，常常會為了一些小事暴躁難安，在諸事不順的現在，情況就更糟了。他對夥伴、黨內成員的疲弱表現不滿，對債主、資本家的惡行惡狀切齒痛恨，對自己的遭遇與缺乏改變現狀的能力感到失望

與痛苦，這些都深深的打擊了他的精神，讓他陷身於一連串的病痛中，他的肝臟、肺臟、皮膚都產生了病變，有的更成為宿病，一生糾纏著他。身體的病痛常使他好幾個禮拜都沒有辦法安心從事自己的工作。

　　燕妮的情況也好不到哪去。一位名門出身的大家閨秀，竟落得在歐陸各地飽嚐顛沛流離之苦，最後還淪落到異鄉，在貧窮的折磨下受盡屈辱，原有的高傲與自信一點一滴的喪失，不斷磨損著她的生命。最令人不捨的是，即使馬克思與燕妮在貧窮的打擊下仍堅持不倒，他們的孩子卻無法承受……。

　　1850 年 11 月，燕妮在倫敦生下的次子亨利因為肺炎而夭折，這是燕妮第一次眼睜睜的見到自己骨肉的死亡，讓此時又已懷孕六個月的她悲痛萬分，久久不能

平復。

　　隔年 3 月，燕妮產下她與馬克思的第五個孩子 —— 三女法蘭琪絲卡。小法蘭琪絲卡與亨利一樣，僅活了一歲多，便因罹患了嚴重的支氣管炎而告夭折。雪上加霜的是，因為馬克思付不出喪葬費，殯儀館的業者竟拒絕將法蘭琪絲卡下葬，直到一位善心人士慷慨解囊，才勉強購置了一口小棺材。馬克思對這種由資本家主導的資本主義社會深惡痛絕，燕妮更是在信中寫道：

　　1852 年的復活節*，我們的小法蘭琪絲卡併發了嚴重的支氣管炎，三天來徘徊在生死交關的邊緣，受盡折磨。當她死去時，我們將她已無生息的小身體放在後面的房間，然後睡在前面房間的地板上。三個還活著的孩子*躺在我們身邊，

我們全都為躺在後面房間中身
體發青、已經沒有呼吸的小小
天使哭泣。……當她來到這個
世界時，連張嬰兒床也沒有，
現在她離開了這個世界，也差
點連一個安息之地都找不到。

　　上天好像嫌給予馬克思的打
擊還不夠似的，1854年冬天，正
值馬克思持續受眼睛發炎與喉嚨
不適之際，七歲的長子愛德卡竟
也逃不過病魔的偷襲，倒了下
來。愛德卡即使在馬克思與燕妮
陷入愁苦的時候，仍以高昂的興
致看待事情，他既開朗又樂觀，
喜歡用一句句詼諧的話、一首首
輕快的歌，讓家庭充滿歡樂的氣

　　放大鏡　＊復活節　即 Easter。這是西方一個重要的節
日，為了基督宗教耶穌基督的復活而慶祝。因為復活節是在每年春
分月圓（即農曆十五日）之後的第一個星期日舉行，所以每年復活
節的時間往往不會一樣。1852 年的復活節是 4 月 11 日。
＊即長女小燕妮、次女蘿拉，以及長子愛德卡。

氣，加上他又是長子，因此集全家的寵愛於一身。到了隔年3月，愛德卡的病情更加的嚴重，偏偏燕妮的第六個孩子、也是第四個女兒愛蓮娜正好在這個時候出生，燕妮的身體狀況也是虛弱不堪，根本無暇分身照顧病重的兒子。4月6日，愛德卡終於結束他在世間短短的七年生命，隨著亨利與法蘭琪絲卡而去。

愛德卡的夭折，使馬克思一家長期陷入愁雲慘霧之中。馬克思原本烏黑的頭髮，竟然在一夜之間都變白了；在愛德卡棺材慢慢入土的時候，他差一點就要跳了下去。在寫給恩格斯的信中，馬克思說：

　　自從親愛的孩子死後，這個家完全的停擺與棄絕，因為他曾經是給予這個家活潑生氣的靈魂。我無法描寫我們有多麼

的想念他。我過去曾經經歷各種各樣的不幸，但只有此刻，我才體會到什麼叫作不幸，我覺得整個人都快要崩潰了！

為了改變家中的氣氛，馬克思決定搬離蘇荷區這個傷心地。多年以後，當他路過蘇荷廣場一帶，還會感到背脊發涼呢！

安貧樂道的家庭生活

儘管命運對馬克思一家的捉弄似乎無止無休，他們仍對未來懷抱著希望，彼此關心。一家人隨著對英國風俗民情的逐漸熟悉，也慢慢的融入了英國的環境。

當時的倫敦洋溢著文藝高雅的氣息，不僅有許多美麗迷人的公園、小巧雅致的咖啡館，還有華麗的歌劇院、雅俗兼具的音樂廳、戲院，以及宏闊的博物館

等，各種文藝活動更是數不勝數。天氣好的時候，馬克思夫婦會帶著孩子們和友人一起去海德公園，一邊散步，一邊唱歌。深綠色的樹林，淺綠色的草地，各色盛開的鬱金香，讓他們忘了貧窮，沉浸在大自然的芬芳和家庭幸福之中。馬克思夫婦也常常去聽演講，身上只要有一點錢也會去欣賞戲劇，尤其當莎士比亞的戲劇上演的時候，他們總是想方設法前去觀賞，因為那些臺詞都是他們夫婦會背誦的。

馬克思是個好丈夫、慈愛的父親。不管他有多強的性格，對妻子兒女仍然是非常溫柔。不管他開會演講時多激昂慷慨，批判時言詞多鋒利，聲音多響亮，但是對妻子兒女們說話總是溫和的。他給孩子們編有趣的童話故事，和他們玩遊戲，爬在地上讓孩子們把他當象騎。他也沒有忘

記孩子們的教育。在幾個孩子接連夭折後，馬克思家就只剩下小燕妮、蘿拉、愛蓮娜三個女孩了，馬克思就像當年的馮・威斯特華倫男爵一樣，細心又有耐心的對他的女兒們誦讀整本的荷馬詩集、莎士比亞劇本、但丁的作品，《唐吉訶德》與《天方夜譚》等世界名著。並且，他不會對女兒擺出父親的架子，也不會一味要求她們完全接受他的想法，而是溫柔的為她們解釋什麼事該做、什麼事不該做；女孩子們也親暱的叫他「摩爾」，把他看作是好朋友。

馬克思豐富的學識與教學的熱忱，不僅用在自己的女兒身上，他還為流亡倫敦的德意志難民們開班授課。他教這些流亡的年輕工人們希臘文、拉丁文、西班牙文等語文，以及哲學、政治學、經濟學等學科。他能夠將原

本深奧又艱難的理論，用最簡單明瞭的方式解釋給工人們聽，和他們討論著共產主義、社會時事，甚至一起唱歌、跳舞、朗誦詩歌。其他國家的流亡民眾看到他們充滿著朝氣的模樣，還時常請馬克思前去教導他們呢！馬克思最小的女兒愛蓮娜後來回想起來：

　　父親最主要的特點就是無止盡的幽默感和無限的同情心。各種各樣的流亡者及工人不斷的來找他談話，他都和善耐心的傾聽。任何問題他都替他們分析解答，沒有什麼問題是太小、太幼稚或不值得討論的。他的時間、他的學識就是為所有想學習的人服務。

12 持續的努力與辛勤的工作

《紐約每日論壇報》通訊記者

初期的困苦，並沒有使馬克思忘記他一直奮鬥的目標，也就是徹底打破社會上的不平等，創造一個沒有貧富、階級的分別，人人都可以過著幸福美好生活的世界。

作為世界經濟中心的倫敦，充滿著朝氣蓬勃的活力，政治風氣既開明又自由，馬克思在這裡可以盡情宣揚他的理念而不用擔心和以前一樣，遭到驅逐的命運。

為了宣揚共產主義的理念，在倫敦的前幾年，馬克思致力於兩件事情——一個是重組共產主義聯盟，另一個是發行《新萊茵報——政治經濟評論月刊》。因

　　為革命運動在歐洲的失敗，各國的革命分子紛紛前來倫敦避難，所以馬克思想重組共產主義聯盟，將他們聯合起來，但就是因為各個國家、不同思想的人士太多、太雜，彼此之間就難免會有衝突，馬克思的努力最終還是宣告失敗。

　　有了主持《萊茵報》、《德法年鑑》和《新萊茵報》等報章雜誌的經驗，馬克思深知要廣泛的打動、激發流亡海外的德意志革命夥伴，最好的方法就是利用這類刊物，所以他便打算在倫敦辦理《新萊茵報──政治經濟評論月刊》。為此，恩格斯特地從瑞士來到倫敦，助馬克思一臂之力。雖然最後事與願違，《新萊茵報──政治經濟評論月刊》因為籌不到經費，只出了五期就停刊了，但這對人生與事業上的好搭檔仍然堅毅不搖。

　　恩格斯覺悟到革命事業沒有金錢的挹注，根本沒有辦法持久，因此儘管與他的志趣不符，為了成就更偉大的事業，他決定回到他父親的棉紗工廠，認真賺取資金，希望能讓馬克思不再為金錢所苦。

　　至於馬克思，雖然在倫敦辦月刊的計畫宣告失敗，但是他卻收到來自異國——美國《紐約每日論壇報》的邀約。

　　1848 年歐洲革命失敗後，歐陸的革命分子向外四散，他們不僅橫渡英倫海峽到達英國，甚至遠渡大西洋，前往彼岸的美國；單單是 1852 年到 1854 年短短兩年間，就有超過五十萬名德意志人抵達紐約市。為了滿足這些流亡人士的需求，當時全美國發行量最大，也最具影響力的左派報《紐約每日論壇報》便找上馬克思，希望馬克思能做他們駐倫敦

的通訊記者＊。

　　每星期寫兩篇有關英國和帝國的社論，從 1851 到 1862 年，馬克思都在為《紐約每日論壇報》寫文章，共五百多篇。馬克思生病或者太忙的時候，恩格斯便用馬克思的名字替他寫了一連串德國革命和反革命的文章。馬克思為《紐約每日論壇報》寫文章的這段期間，是他一生中寫作最勤奮、創作力最旺盛的幾年。他每年平均可以寫出三十七篇文章，探討的主題從國際時事、政治情形，到經濟話題與金額貿易，涉及的國家除了歐洲各國，還包括了俄國、土耳其、中東各國，甚至是中國。我們可以看出他見識的廣博與學養的深厚。到了 1861 年美國南北戰爭＊爆發，由於內戰的動盪不安，不用說是專門報導海外新聞的報紙，美國讀者連閱讀國內報導的閒情逸致都沒有

了，他們的合作關係於是慢慢中止。

《政治經濟學批判》

在為《紐約每日論壇報》撰寫文章的同時，馬克思也經常上大英博物館搜集資料，那裡珍貴的藏書及政府報告，成為馬克思後半生研究政治與經濟思想的泉源。在這個寬廣高聳的閱覽室中，馬克思可以暫時拋開現實生活的煩雜、困頓，專心致力於學理的研究。他寫信給恩格斯時還說那裡是「全倫敦唯一清靜的地

放大鏡

＊事實上，《紐約每日論壇報》會找上馬克思還有另一段淵源。因為該報創辦人的助手 Charles Anderson Dana 曾於 1848 年在科隆與馬克思碰面，對他和他主編的《新萊茵報》印象深刻，此時便自然而然的想到了馬克思。

＊**美國南北戰爭** 即「美國內戰」（1861～1865 年），是美國國內為了蓄奴問題而爆發的一場大規模的軍事戰爭，最後由亞伯拉罕・林肯 (Abraham Lincoln) 擔任總統的北方二十三州，擊敗了由傑佛遜・戴維斯 (Jefferson Davis) 擔任總統的南方十一州，統一了美國。

方」。

　　除了身體不適，或是大衣典當在當鋪無法出門，馬克思每天都風雨無阻的在大英博物館閱覽室裡工作至少十個小時；晚上就將抄寫來的資料帶回家中整理，常忙到凌晨四點才上床休息。

　　因為他通曉如德、英、法、義、瑞士等國的語文，所以能夠不透過翻譯，直接而大量的閱讀原文，完全吸取作者的精華思想；再加上他聰明絕頂，閱讀速度與吸收能力都超人一等。他閱讀的書籍範圍既多且廣，從政治、經濟、歷史、地理、文學、法律、數學、化學，甚至到各種語言的文法書等，包羅萬象。更令人敬佩的是，馬克思還對這些書籍作了大量的筆記；在這些筆記中，他不僅記下了該著作的重點，還常常一針見血的提出評論，他抄錄之勤奮和批判之精

要，史上很少有學者能與他相提並論。

他在這裡還找到了一個意料之外的寶藏，那就是政府的官方紀錄。與學者們的著作不同，政府的紀錄有著活生生的數據資料，能夠最直接的反映出社會的現實情況。例如，說「全國五分之四的人口近視」，是不是比說「全國有很多人近視」要來的更真實、更震撼呢？這些包括人口、礦業、農業、信用、銀行、財政、勞工統計、財務紀錄、租金及經濟情況等政府的官方資料，將社會中工人們的勞動情形反映得一清二楚，未來也都為馬克思引用，成為他著作中的重要數據。

前面提到的那位普魯士間諜，對這個時候的馬克思也有如下的描述：

他那炯炯發亮的雙眼帶有魔鬼般的神祕感，好像能透視一切。第一眼看到他，就覺得他是個精力充沛的天才。他在知識上的優越，也令和他接觸的人震懾。……如果必須工作，他會日以繼夜、毫不疲憊的工作。他常常熬夜工作，然後白天時，穿著整齊的衣服睡在沙發上，一直到黃昏才醒來。周圍來往發生的事，他一點也不知道。

一直以來，馬克思就想寫一本政治經濟方面的著作，但是因為家庭環境的不允許，使他遲遲未能動筆。到了 1857 年夏天，他終於決定撰寫他的新作《政治經濟學批判》。在整理好資料後，他花了大約半年的時間，才在 1859 年將全書完成。

《政治經濟學批判》是馬克

思第一本關於經濟問題的著作，主要是強調「經濟」在社會中占有領導的位置，一旦經濟情況改變，整個法律、政治、宗教、藝術和哲學等都會跟著改變，整個社會體制便因此重組。而這樣不斷演變的過程，馬克思認為可以用準確的自然科學方法來加以研究與預測。

馬克思這個驚人的理論，在當時並沒有受到學術界的青睞，因為他的思想太先進了，當時的人還無法接受，就連對他倍加期待的工人階級們也不歡迎這本書，因為它不是一本鼓吹群眾運動的作品，而是學術式的專業書籍，光是看都看不懂，更不用說要支持它了。

《政治經濟學批判》出版後的反應不佳，給了馬克思沉重的打擊，在之後的一年半內他不再提筆寫作。也就是在這個身心俱

疲的情況下，馬克思第一次感染
了肝炎，這是一種會越來越惡化
的慢性疾病，最終也成為他的死
因之一。

《資本論》

人的一生中難免遇到挫折，
但面對挫折時的態度決定了這是
個什麼樣的人。

《政治經濟學批判》的失敗
雖然讓馬克思因為自尊受損而停
筆一年半之久，不過他不但沒有
失去他的決心，反而提起勇氣重
新反省自己的缺失，決定對政治
與經濟重新深入的研究，一定要
寫出一本讓世人瞠目結舌的作
品。這部將政治經濟學的各個範
圍、各種理論都結合在一起的著
作，就是後來震撼世界、使馬克
思名垂不朽的《資本論》。

母親懷胎十月才辛苦產下嬰
孩，《資本論》一書卻讓馬克思

花了十多年的時間才把它「生」了出來！這不僅是他一生的力作，也是他主要的志業。《資本論》原本打算分成三卷出版，但馬克思在世之時只完成一卷，其餘兩卷則是他死後，由恩格斯整理他遺留的稿件加以出版的。至於《資本論》的第四、五卷，則是在馬克思死後多年，由莫斯科的「馬克思研究所」將其筆記與手稿整理後，才印製完成。

　　《資本論》第一卷花了馬克思六年的時間才完成，這六年間的貧病交加，對他造成了相當大的影響，儘管再努力，寫作的速度一樣快不起來。一方面，房東、麵包店、肉鋪、雜貨店等，紛紛來討債；另一方面，因為貧窮與不得志引起的慢性疾病，也常常使他無法集中精神。這個時候的馬克思，已經得過經常性頭痛、失眠、肺炎、肝炎、肋膜

炎、支氣管炎等病症，除此之外，還患有嚴重的皮膚病，身上的膿瘡讓他痛得坐立難安，一身的水泡不時還會滲出血來。在這種情形下，馬克思仍然為了完成《資本論》而咬牙苦撐，最後幾頁他甚至是站著寫完的！他自己也說，他犧牲了健康、快樂與家庭，就是要奮力一搏，求生的意志就繫於《資本論》的早日完成。

在堅強意志力的支撐下，這千呼萬喚始出來的《資本論》第一卷終於在 1867 年 3 月完成，並於當年 9 月 14 日正式出版！這本累積幾十年苦讀成果的心血結晶，光是引用的專書就多達一千五百本之多！它不只是一本政治經濟書籍，而是用充滿熱情的文筆、新穎的文學格調寫出的精品，當然也是馬克思豐富學識的呈現。他自己說那是一件藝術

品！連不是經濟學家的燕妮，都被他寫作的激情深深的感動。

　　對《資本論》第一卷的出版感到興奮的，除了馬克思之外，就是他一生的摯友恩格斯了。恩格斯為馬克思無怨無悔的付出，寧願返鄉從事他不喜歡的生意，和人討價還價，如今終於見到馬克思思想精華的出版，心中真是感到無限寬慰。沒有恩格斯的自我犧牲，《資本論》根本不會出現，馬克思也特地寫了一封謝函給他，在信中表達了對老友的無盡感激。

　　只是很可惜的，德意志讀者的反應又讓馬克思失望了！雖然他與恩格斯馬不停蹄的為這部著作展開宣傳，但這部連學識豐富的知識分子都嫌困難的作品，怎麼能引起一般大眾的喜愛呢？所以一開始馬克思又是失望萬分。幸好隨著翻譯版本的紛紛出現，

《資本論》第一卷在俄國、法國、美國都有相當不錯的銷售量，《資本論》慢慢進入世界，馬克思的思想逐漸為世人所知，他的遠見、他對經濟問題的預測與解決方法，為未來的世界投下了一枚震撼彈，影響了整個世界！現在，就讓我們來看看《資本論》到底在說些什麼吧！

勞動價值論

自從馬克思發現當時社會上兩個階級發生衝突的關鍵因素在經濟後，他研究的重點就擺在對經濟問題的鑽研，《政治經濟學批判》就是他的初步產物，雖然它並沒有得到預期中的效果，但是馬克思不認為他的理論有錯，只是還不夠完整的闡述他的想法而已。因此，在《資本論》中，他延續了《政治經濟學批判》，繼續對經濟問題做精湛且深入的

探討。

馬克思認為，我們之所以會用自己的物品去交換別人的物品，或是用金錢跟對方購買，是因為那件物品能夠滿足我們的需要，而且它必須藉由人工的力量才能產生的緣故，那件物品便稱為「商品」。舉例來說，空氣對我們是不是很重要呢？我們能夠三天不喝水，但是有誰能夠三天不呼吸呀？在開放的環境中，空氣是用之不盡、取之不竭的，雖然我們需要它，但是卻不會、也沒有必要去購買它；在這種情況下，空氣就不是一件商品。可是在潛水的時候，我們需要的氧氣筒，就不是隨隨便便就能夠得到的，而必須花錢去購買才行，因此氧氣筒就是一件商品。

看出其中的差別了嗎？因為氧氣筒不是自然環境的產物，而是人類加工的結果，所以雖然它

也是提供呼吸所需要的氧氣，我們卻必須用金錢去購買。這就是氧氣筒的「價值」，也就是它成為一件商品的原因；換句話說，商品的價值就在於工人對它投入的勞動力，這就是馬克思著名的「勞動價值論」。

剩餘價值論

既然商品的價值在於工人們的勞動力，那麼付出勞動的工人們，是不是得到了應該享有的待遇呢？顯然並沒有。

舉例來說，假設一匹布料是一百元，把它加工後產生的衣服是二百元，工人的薪水則是十元，那麼二百元減掉布料成本的一百元與人工成本的十元之後的九十元，就是資本家的利潤。

讓我們再假設工人們只要付出六個小時的勞動，就可以換得他們生活所需，但資本家卻要他

們工作十個小時，這多出來的四個小時所創造的價值，就叫做「剩餘價值」；資本家多賺了四個小時的利潤，工人們卻什麼也得不到，他們辛苦工作了十個小時，卻只得到六個小時的報償，就是被資本家壓榨、剝削的結果。這就是「剩餘價值論」。

是不是很不公平呢？馬克思當然要為辛苦的無產階級打抱不平。工人們為了維持生活賣命工作，努力使貨物增值，卻被資本家剝削，高額的利潤都進了這些什麼都不用做的資本家的口袋；更何況資本家為了賺錢，還盡可能的剝削勞工，增加商品的剩餘價值，資本家愈來愈富有，工人們也就愈來愈窮了。因此，工人們必須聯合起來，勇敢對抗這種不公平的現象，才有可能得到幸福的生活。

馬克思一輩子都在為社會中

的無產階級發出不平之鳴，早期以《共產黨宣言》呼籲無產階級要團結革命，這個時候終於為這個革命提出一套完整的理論基礎，《資本論》可以說是馬克思學說集大成的作品。

13 走出陰霾

　　1863 年年底開始，馬克思一家的生活逐漸有了好轉。一來是因為親友的過世給馬克思留下了為數不小的遺產，另一方面恩格斯的生意也蒸蒸日上，能給馬克思的補助就更多了。馬克思終於走出這段生命中最貧困的寒冬。

　　他們一家立即搬遷至一所三層樓的別墅，鄰居都是有錢的醫生和律師。前方面對著占地遼闊的公園，後方還附有精巧別致的小花園；房子裡採光良好，每個女孩都有自己的房間，每個房間也都備有冬天取暖用的暖爐。

　　樓下面對公園的房間是馬克思的書房。從一扇大窗戶看出去，是一片美麗的公園景色。書房中，窗戶對面的壁爐兩邊裝了一排書架，裡面塞滿了書籍、報

紙和手稿，直頂天花板。窗戶旁邊有兩張桌子，上面也堆滿了報章雜誌，中央有一張三英尺長、兩英尺寬的小書桌，一張有扶手的木椅。窗戶對面還有張皮沙發，有時候馬克思會躺在上面休息。壁爐架上有書、雪茄、火柴、裝煙絲的盒子、鎮紙的器具，還有燕妮和女兒們的照片。

　　馬克思與他的書房簡直是一體的，他從不讓人整理那些看起來既散且亂的書本和報紙，卻可以隨時抽出他要的書本和筆記。他不像一般人那樣按照書本的高矮大小排列，而是按內容安排書房裡面的所有書本。書是他累積知識的工具，不是擺著看的奢侈品。他說：「這些書就像我的奴隸，一定要照我的意思為我工作。」但他對這些「奴隸」卻是相當愛惜，他從不在書上寫字，只用鉛筆在重要的地方畫線或是作

記號；多年以後，他還會重翻他的筆記和書上畫線的地方，重新回想書的內容。這樣的讀書習慣從來沒有改變。

艱苦了那麼多年，馬克思從來沒有讓家人過過幾天的好日子，現在好不容易比較有錢了，他也就讓他們盡情的享受生活。星期日是馬克思和家人共渡美好時光的日子。女僕海倫為他們準備了美味的午餐，全家到田野散步、採野花、唱德意志民歌。有一次，馬克思甚至為孩子們採栗子直採到手臂痠痛，他就是這麼慈愛的父親。他和燕妮不僅為女兒們舉辦舞會，還喜歡幫助人，更喜歡招待外國來的客人。馬克思是一個非常有教養的紳士，總是說合適又得體的話，開心的笑，還常常加上幽默明朗的笑話。他有學問又清楚時事，所以他的談話內容很有意思；燕妮沒

有一點階級觀念，從來不因為自己出身貴族而輕視工人階級，她請他們在家晚飯時，有禮貌又細心殷勤的招待他們，就像對待公爵和公主一樣。

有一個記者到馬克思的新居拜訪時，很驚奇的看到他們生活得像個富有的上層階級。他說：「這是個舒適又有品味的房子，桌上擺了本萊茵地區的風景照片，一眼就看出他來自哪裡。我本想小心的看看旁邊桌子上的花瓶裡面有沒有炸彈，卻嗅到玫瑰的香味呢！」

1870 年，事業成功的恩格斯賣掉家中產業，追隨馬克思來到了倫敦。他一面在工廠辛勤的工作賺錢維持自己與馬克思一家的生計，還能在寫作、政治活動上助馬克思一臂之力，二十年如一日，從沒有埋怨過。就像燕妮所說：「恩格斯總是健康、充滿活力

的，他是一個愉快又興致高昂的人。」馬克思的孩子們稱他為第二個父親，聽說他要搬來倫敦的消息，全家高興極了。恩格斯就在離馬克思家僅有十分鐘路程的地方住下，除非兩人中有一人出外渡假，否則兩人每天至少要見面一次的生活習慣從未改變，一直維持到 1883 年馬克思逝世為止。

14

第一國際

和許多天才洋溢的作家不同，馬克思將他的頭腦用在實際的作為上。他要徹底改變這個世界，而不僅僅只是著書立作，因此在他有生之年，許多筆記都沒有整理出版，甚至就在他構思一生力作《資本論》的同時，也不忘參與勞工團體的活動。雖然剛到倫敦時重組共產主義聯盟的構想失敗，使他潛伏了好一陣子，但他仍未忘情群眾運動，持續等待將理論實踐於行動的時機。

1862 年，德意志與法國的工人藉由在倫敦舉辦的世界博覽會＊的機會，與當地的勞工領袖們進行交流。他們深切感到組織一個國際工人協會的急迫，全世界的工人只有聯合起來，互相幫助，才能讓自己的權益得到保

障。這個構想立即得到大家的認同，並於後年在倫敦召開成立大會。這個由跨國工人所組成的團體就是「第一國際」＊。

這是一次大規模的國際工人會議，參加會議的除了英法兩國的工人代表，還有當時旅居倫敦的德意志、義大利、瑞士、波蘭等國的工人代表，馬克思也受邀以德意志工人的身分參與盛會。好不容易找到發揮舞臺的馬克思，一頭栽進第一國際的事務中，儘管他正為嚴重的皮膚病所困擾，仍為大會起草了《成立宣言》和《共同章程》。

馬克思憑著他的機智以及超

＊**世界博覽會** 又稱為「萬國博覽會」，原本是中世紀歐洲商人定期舉辦的市集，後來成為讓世界各國展示它們在文化、科技等方面成就的大型集會。

＊**第一國際** 全名是「國際工人聯合會」，簡稱為「國際」。由於後來又有三個類似的國際團體，歷史上便稱 1864 年這個在倫敦成立的團體為「第一國際」。

人的分析能力，不到一個月就已成了第一國際的靈魂人物。他為第一國際投入大量的心力、時間與金錢，不但大會所有的文件都是他親自起草，他也很少在開會中缺席，常常因為會議事務忙到三更半夜。恩格斯覺得這樣做太浪費時間，且得到的成果恐怕有限，但是對馬克思而言，這卻是他一生中唯一一次可以與歐洲各國，甚至是美國的勞工取得聯繫的機會，他當然樂在其中。他經常邀請英國工會的領袖到家中歡聚暢談，他的居所也成為歐陸革命家、政治家、記者等旅遊倫敦時的必至之處。馬克思期許，如果他的努力能激發工人階級從事政治運動，這一切就值得了。

第一國際使各國工人感到他們的命運聯繫在一起，能產生具體的政治行動，馬克思藉此和各國工人組織建立了密切關係，也

更了解各國工人運動的實際情況。此時的馬克思已不是從前初出茅廬的年輕小伙子，單純的認為靠人數眾多的工人對政府施加壓力就能改變現狀，經過了時間的淬煉與經驗的累積，他對工人們提出的意見和策略，往往切中核心。從此奠定了他在國際上的聲譽，受到各國工人們無限的尊敬。

1872 年，馬克思在燕妮和愛蓮娜的陪伴下來到荷蘭的海牙，參加第一國際的代表大會。馬克思的到來引起了轟動，來自各國的工人代表們久聞他的大名，都想見他一面，各國記者也爭相採訪他，報導他的一切，這時候馬克思在國際上的名望達到了頂峰。只是這次的海牙集會，也決定了第一國際未來的覆亡。

每個人的理想與作法原本就各有不同，第一國際的成員來自

四面八方，內部自然也就有著許多不同的意見，這個裂痕在海牙集會中急速擴大。馬克思在會中「舌戰群儒」，將第一國際內反亂分子的陰謀一一揭發，也使得內部的衝突一發不可收拾。再加上此時的歐陸動盪不安＊，歐洲各國政府聯合起來反對第一國際，還迫害各地的會員，大會不得不將總部遷至美國紐約，這也讓人在英國的馬克思大權旁落，只能選擇黯然離開。分崩離析的第一國際，於四年後也宣告解散。

放大鏡

＊1870 年，普魯士與法國兩個歐陸強權爆發了「普法戰爭」，打破了歐陸權力的均勢。勝利的德國變成一個統一的強權，落敗的法國卻從此一蹶不振。巴黎市民們對法國政府的昏庸感到不滿，組織了「巴黎公社」來與其對抗。最後，巴黎公社遭到政府無情的鎮壓，連同其後的迫害，被殺戮或審判的工人與平民超過五萬人！馬克思夫婦聞訊悲痛不已，巴黎公社的悲劇也為「第一國際」唱起了輓歌。

15 悲哀的晚年

　　卸下了第一國際的重擔，馬克思過著安靜的、規律的學者生活，他再沒有體力整晚伏在書桌前工作。雖然他很晚睡，每天早上八、九點就起床，一邊喝黑咖啡，一邊看《泰晤士報》，然後進書房工作一上午，只有吃飯的時候才停下來。馬克思熱愛工作，常常忘了吃飯，要叫好幾次才下樓來，他吃得很少，愛吃口味重的菜，像燻魚、魚子醬、醃黃瓜等。一吃完立刻又回書房。有時候他會躺在沙發上看小說，他同時看兩三本，最喜歡看冒險故事和幽默小說。他能看歐洲各種語言，能寫德文、法文、英文三種文字。他說：「外語是生命奮鬥中的武器」。他的女兒們也繼承了父親的語言天分。

　　除了詩和小說，馬克思還有一種消遣就是數學。他特別喜歡數學，他說數學最合邏輯，他自己學了微積分。燕妮最後病重的時候，唯一能使他忘記憂愁的就是投入數學中。在他心中最痛苦的時候，他寫了一本很有科學價值的微積分學。

　　五十四歲的馬克思，體力已經大不如前，無法再像以前一樣勤奮的工作了。

　　年輕時罹患的許多慢性疾病，從來不曾離開年紀漸大的馬克思。他不但頭痛、肝痛，還因長期用腦過度，患有嚴重的失眠症，安眠藥數量再多、效力再強都沒有辦法解除他失眠的痛苦。

1873 年一度傳出他病危的消息，整個歐洲都盛傳他即將過世的謠言。

　　1874 年開始，在醫生的建議下，馬克思不得不在歐陸各療養

名勝輾轉來去。但病魔並沒有因為馬克思的休養而放過他，原本長滿他身上的膿瘡，現在竟然蔓延到他的臉上！使他苦不堪言。

1877 年，他又因為受了風寒，咳嗽不已，喉嚨疼痛難當。五十五歲的馬克思在病痛的折磨下，根本不能寫作，最多只能閱讀，他在拼命自學下，竟然六個月內就學會俄文，能夠直接閱讀俄文的著作，實在讓人不得不佩服他的意志力。

這個時候，馬克思的兩個女兒小燕妮與蘿拉，都因為法國政府的大赦，隨同夫婿定居在巴黎。一向融洽團結的馬克思家，頓時冷清了下來。失去了兒孫的陪伴，這對老夫老妻更覺得生活無趣。有時候聽見外面有孩子們的吵鬧聲，馬克思還是立刻衝到窗口，但他明明知道外孫遠在對岸，在海的另一邊……。思孫心

切的夫婦倆，決定到法國去看他
們，沒想到這一趟法國行，卻讓
已經罹患末期肝癌的燕妮，從此
臥病不起。

在倫敦的家裡，燕妮躺在前
廳病床上，馬克思則躺在後面臥
房，忍受著支氣管炎和肋膜炎的
煎熬。某天，馬克思感到身體有
些舒暢，便走到愛妻的病床旁
邊，在寒冷陰溼的冬天，一同望
著迷濛的窗外。當他們在一起的
時候，時光似乎倒轉，像是一位
年輕的姑娘和一位深愛她的青年
互訴情愫，而不是一個病弱老人
和一個垂死的老婦人話別。馬克
思對燕妮說:「每次我想到妳的一
舉一動，想到妳臉上每一條皺
紋，都引起我無限的愛意和美好
的回憶。」回到房間以後，馬克思
再也沒有站起來的力氣。 1881 年
12 月 2 日，這位與馬克思相知相
惜達四十五年的高貴女性，在用

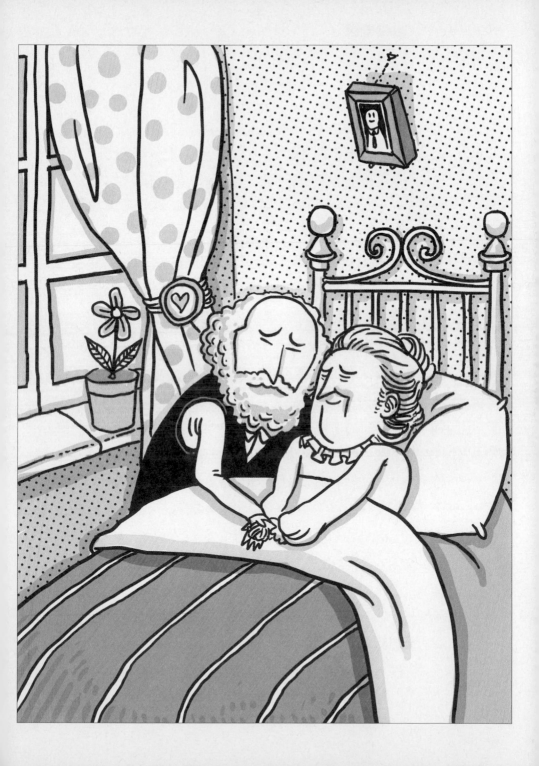

英語說出：「卡爾，我不行了！」之後，告別了這個世界。可憐的是，一身病痛的馬克思由於哀痛欲絕，醫生嚴禁他參與喪禮，他便因此缺席了愛妻的告別儀式。

燕妮分享馬克思的命運與工作，就算飽嚐流亡生活的苦難，她對馬克思仍然不離不棄，以最大的理解與熱忱全程參與。恩格斯也不禁讚嘆像燕妮這樣一位智慧出眾、毅力超群的女性，在任何革命運動中都找不到第二位：

「假使世上還有把別人的快樂當作自己最大快樂的女性，那就是燕妮。」

妻子的死對馬克思而言是個重大的打擊，恩格斯曾說：「那時候的馬克思等於已經死了。」內心的傷痛造成了肉體上的痛苦，他一天胸口必須抹幾次油，在脖子上搽碘酒，牙齒也痛得難以忍受。加上失眠和缺乏運動，讓他

的身體更加虛弱。但是馬克思巴不得有這些肉體上的折磨，好讓他能有片刻不去思念已逝去的愛妻。

　　燕妮病逝後十五個月，馬克思在小女兒愛蓮娜的陪同下，再度離開倫敦，希望能夠到氣候乾燥的地方休養身體。結果老天好像故意要捉弄他似的，不管到哪裡，他都偏偏撞上寒冷的氣溫與令人窒息的陰雨。這個時候，又傳來一個不幸的消息，那就是他最寵愛的長女小燕妮，竟然也受癌症所苦，已經奄奄一息了。1883 年 1 月 11 日，小燕妮留下四個孩子與一個才四個月大的小女嬰溘然長逝，得年才三十九歲。

　　噩耗傳來，愛蓮娜真不知道怎麼告訴父親這個等於判他死刑的消息。但一看到愛蓮娜的表情，馬克思立刻就知道了，他只哀嘆：「我們的小燕妮走了！」恩格

斯為小燕妮的逝去感到惋惜，也為馬克思生命的乖舛而嘆息，但是他絕不孤獨，「歐美各地成千上萬名的工人，都一起為他致哀」。

16 一代偉人
與世長辭

　　對病入膏肓的馬克思而言，小燕妮的早逝無疑是他生命盡頭的最後一記重擊。他已經虛弱得連小說也看不下去，只能隨便看看出版社的目錄，或是瞪著房間發呆；喉炎、支氣管炎的惡化，更使他什麼也吃不下。這個時候，他竟又被診斷出肺部長了腫瘤。住在附近的恩格斯，仍然維持往日的習慣，每天下午兩點半來探望馬克思。1883 年 3 月 14 日，恩格斯照常在下午兩點半來拜訪，沒想到馬克思已經坐在火爐邊的搖椅上，安詳的離開了這個帶給他災難、病痛與哀傷的世界。恩格斯寫信給美國的一個朋友說：「世界又少了一個人，我們這時代最卓越的人。」

　　當 1880 年，馬克思和孫兒們

在海邊渡假的時候，接受了一個美國記者的採訪，談話的內容涉及世界人類、時間和思想。天邊一片日落的雲彩漸漸退去，夜幕低垂，黑夜即將來臨。記者問他一個想了很久的問題：「存在的最終定律是什麼？」馬克思望著面前洶湧的海浪，用莊嚴深沉的聲調說：「鬥爭！」他用他的生命，徹底實踐了這句話。

　　儘管出生在一個小康的家庭，但從注意到社會上不公平的現象開始，馬克思便終其一生為改變現狀展開奮鬥。他深深的關心人類的幸福和未來，從不做表面工夫，而是充滿活力的投入所有志業。《萊茵報》、《德法年鑑》與《新萊茵報》等報章雜誌的針砭時弊，《共產黨宣言》、《政治經濟學批判》與《資本論》等著作的擲地有聲，階級鬥爭、勞動價值與剩餘價值理論等

學說的真知灼見，以及共產主義聯盟、第一國際等人民團體的領頭抗爭，都讓我們看到他對工作的熱情和堅忍不屈的意志力。政府與強權的壓迫無法使他屈膝，知識分子的沉默不能阻止他發聲，生活的貧困和渾身的病痛也擊不倒他；他的成功不只是靠天賦的智慧，更因為他持續的努力，在家人的支持與好友恩格斯的協助下，不斷的研究、不斷的寫作、不斷的鬥爭，只希望喚醒群眾，帶領他們走向一個更好、更平等的生活。「改變世界的哲學家」之名，他當之無愧。

馬克思的葬禮於 1883 年 3 月 17 日的星期六下午舉行，他就葬在愛妻燕妮的墓旁。恩格斯哀悼著一輩子的好友：

3 月 14 日這天下午三點差一刻，這位偉大的思想家停止了

思考。家人只留下他一個人不到兩分鐘，等我們回來卻發現他在躺椅上平靜的睡著了——永遠的睡著了。他的逝去是歷史科學及歐美無產階級的巨大損失，我們很快就能感到這個偉大精神離去後的空白。

馬克思是歷史上極少見的傑出人士之一。達爾文發現我們地球上自然生物的演變法則，馬克思則發現了我們人類在歷史過程中的發展規律⋯⋯

他，是一位真正的革命家，讓社會中最下層的無產階級人民，從現代資本社會和國家的壓迫中解放出來，就是他真正的使命⋯⋯

沒有任何為理想奮鬥的人，在努力中不樹立敵人的。馬克思一生所從事的政治活動，往往讓他成為全歐洲最受憎恨、也最受汙蔑的人。不論是專制

政府或是共和政府，都競相驅逐他出境；不論是保守的或是民主的富有階級，都爭相誹謗他。但他對這些抹黑與汙衊絲毫不理會。

……在他生命的終期，他驕傲的看到，從西伯利亞礦坑到歐洲、美洲工廠，百萬的工人都跟隨著他。

他的姓名，將會在未來的世代中被傳誦不休，永永遠遠的活下去，他的作品也將永垂不朽！

馬克思

小檔案

1818 年	5月5日出生於特利爾城。
1830 年	進入腓特烈·威廉中學就讀。
1835 年	前往波昂大學法學院就讀。
1836 年	轉學至柏林大學法學院。
1841 年	取得哲學博士學位。
1842 年	接任《萊茵報》主編。在科隆的報社與時年二十二歲的恩格斯第一次見面。
1843 年	3月,辭去《萊茵報》主編一職,該報並於當月底宣告停刊。6月,與相戀七年的燕妮·馮·威斯特華侖結婚。
1844 年	2月,《德法年鑑》發行一、二期合刊本即宣告停刊。5月,長女小燕妮誕生。8月,與逗留巴黎十天的恩格斯見面,彼此惺惺相惜,締結了兩人一生的友誼。
1845 年	2月,流亡比利時,在首都布魯塞爾居住了三年。4月,恩格斯到布魯塞爾與馬克思比鄰而居。兩人合著的《神聖家庭》於法蘭克福出版。9月,次女蘿拉誕生。放棄普魯士公民權。

1847 年	1 月，長子愛德卡誕生。11 月，與恩格斯一同前往英國倫敦參加共產主義聯盟第二次代表大會，並獲得授權撰寫聯盟黨綱，以作為共產黨的宣言。
1848 年	2 月，與恩格斯合撰《共產黨宣言》，以德文於倫敦發表。3 月，被迫離開布魯塞爾前往巴黎。4 月，重返普魯士。5 月，於科隆創辦《新萊茵報》。
1849 年	6 月，潛入巴黎。8 月，流亡倫敦定居。11 月，次子亨利誕生。
1850 年	11 月，次子亨利夭折。恩格斯決定返回曼徹斯特，投入商場。
1851 年	3 月，三女法蘭琪絲卡誕生。從本年開始，一連十一年定期向《紐約每日論壇報》投稿（前兩年由恩格斯代筆）。至 1862 年 3 月止，共計三百多篇。
1852 年	三女法蘭琪絲卡夭折。
1855 年	1 月，么女愛蓮娜誕生。4 月，長子愛德卡病逝。
1859 年	6 月，《政治經濟學批判》出版。
1864 年	9 月，受邀參加國際工人聯合會（第一國際），起草其《成立宣言》和《共同章程》。
1867 年	9 月，《資本論》第一卷出版（第二與第三卷至 1871 年大體完成，由恩格斯分別於 1885 與 1894 年編輯出版）。
1870 年	恩格斯遷居倫敦，兩人朝夕往返。
1872 年	第一國際總部遷往美國紐約，並於 1876 年解散。
1881 年	髮妻燕妮逝世。
1883 年	1 月，長女逝世。3 月 14 日，馬克思於倫敦與世長辭。

獻給孩子們的禮物

「世紀人物100」

訴說一百位中外人物的故事

是三民書局獻給孩子們最好的禮物！

◆ 不刻意美化、神化傳主，使「世紀人物」
   更易於親近。

◆ 嚴謹考證史實，傳遞最正確的資訊。

◆ 文字親切活潑，貼近孩子們的語言。

◆ 突破傳統的創作角度切入，讓孩子們認識
   不一樣的「世紀人物」。

兒童文學叢書

第一次系列

生命不能重來，童年無法NG

提供孩子生活所需的智慧維他命，
與孩子共享生命中的成長初體驗！

國家圖書館出版品預行編目資料

共產主義的創始者：馬克思 / 李宗恬著;徐福騫繪.－
－初版二刷.－－臺北市：三民，2011
面；　公分.－－(兒童文學叢書／世紀人物100)

ISBN 978–957–14–4857–2　(平裝)

1.馬克思(Marx, Karl, 1818–1883) 2.傳記 3.通俗作
品

549.348　　　　　　　　　　　　　　96017289

ⓒ　共產主義的創始者：馬克思

著 作 人	李宗恬
主　　編	簡宛
繪　　者	徐福騫
發 行 人	劉振強
著作財產權人	三民書局股份有限公司
發 行 所	三民書局股份有限公司
	地址　臺北市復興北路386號
	電話　(02)25006600
	郵撥帳號　0009998–5
門 市 部	(復北店)臺北市復興北路386號
	(重南店)臺北市重慶南路一段61號
出版日期	初版一刷　2008年1月
	初版二刷　2011年10月修正
編　　號	S 781550

行政院新聞局登記證局版臺業字第○二○○號

有著作權‧不准侵害

ISBN　978–957–14–4857–2　(平裝)

http://www.sanmin.com.tw　三民網路書店
※本書如有缺頁、破損或裝訂錯誤，請寄回本公司更換。